運

ドン・キホーテ創業者「最強の遺言」

安田隆夫

文春新書

1458

運は私にとって永遠のテーマであり、その運について語るのを本業（事業経営）以外の最後のライフワークにしようと思っている。そういう意味で、本書『運』は、いわば私の〝遺言〟のようなものだ。

本書では、私が人生とビジネスをかけて学んだ運のすべてを披露するので、貪欲に吸収していただければ幸いである。それにより、読者の皆さんに少しでも勇気と希望、幸せを与えられるのなら望外の喜びであり、私が本業以外でできる、これ以上の社会貢献と恩返しはないと思っている。

はじめに　ドン・キホーテが起こした奇跡の源泉

三十四期連続となる増収増益記録を更新

私はメディアに出ることがほとんどないので、そもそも私が何者であるのか、ご存じない読者が多いかもしれない。しかし私を知らなくても、黄色と赤のド派手な看板を掲げる「驚安の殿堂　ドン・キホーテ」という店を、誰もが一度は目にしたことがあるだろう。店内に一歩入れば、触れ込み通りの驚きの安さ、「高級ブランドからトイレットペーパーまで」の豊富な品揃えが異彩を放つ総合ディスカウントストアである。

私は四十歳を目前にした一九八九年三月、東京・府中市にドン・キホーテ一号店を開業した。それから約三十五年、日本経済はバブル崩壊による消費低迷など様々な試練に見舞われたが、我がドン・キホーテは一貫して、目を見張るような成長路線を歩んできた。

二〇一九年には社名をドンキホーテホールディングスから、パン・パシフィック・インターナショナルホールディングス（以下、ＰＰＩＨ）に変更したが、そのＰＰＩＨは創業以来、三十四期連続となる増収増益記録を更新中である（二〇二三年六月期現在）。

快進撃は日本国内に留まらない。二〇〇六年には海外進出を開始し、アメリカのハワイ州にドン・キホーテＵＳＡを出店。二〇一七年にはアジア初となるシンガポール一号店を出店し、その後もアジアを中心に店舗数を拡大、二〇二五年六月期までに海外で約百四十店の体制にすることを目標としている。

ＰＰＩＨは現在、世界に七百三十店舗、従業員数約九万人を抱える国際流通企業となり、今期（二〇二四年六月期）年商は二兆円突破が確実である。二〇一八年六月期は約九千四百億円だったから、コロナ禍を挟んだわずか六年で、年商を二倍に引き上げたことになる。

若い頃は災難・苦難・苦闘の連続だった

ここまで威勢のいい話が続いたが、私の人生と仕事は初めから順風満帆だったわけでは決してない。むしろ全く逆で、災難・苦難・苦闘の連続であった。

若い頃の私は、何をやっても上手くいかず、常に悶々とした思いにさいなまれていた。

大学卒業後は小さな不動産会社に就職したが、入社してからわずか十カ月後に倒産。そこからは再就職もせずに、ギャンブルで食いつなぐような放浪と無頼の日々が始まった。

当時の私のライフスタイルは、徹夜麻雀《まーじゃん》をして朝帰りし、夕方にまたゴソゴソと起き出して雀荘に出掛けていくという、自堕落を絵に描いたようなものだった。

「さすがにこれはまずい」と、三十歳を目前に一念発起。目をつけたのは、各地にぽつぽつと登場し始めていたディスカウントストアだった。心を入れ替えて必死で稼いだ軍資金の八百万円を全て突っ込み、一九七八年、東京・西荻窪にわずか十八坪の小さな雑貨屋「泥棒市場」を開いた。ところが、品物を仕入れてもさっぱり売れず、家賃は月二十万円なのに、売上は一日一万円にも届かなかった。なんとか商売のノウハウをつかみ、満を持して一九八九年にドン・キホーテ一号店を立ち上げるも、開業した年の売上はたった五億円で大赤字。その後も、何度もドン底に突き落とされるような経験をした。

無一文から二兆円企業を作り上げた

知識も経験も人脈もゼロの私にとって、小売業への挑戦は人生を賭けた〝大博打〟だった。博打と言ってもほとんど失敗する確率が高く、しくじったらブルーシートに段ボールの生活が待っていた。

だが、結果だけ見ると私は、無一文から一代で二兆円規模の企業を作り上げた、稀に見るような〝大成功経営者〟になり得たわけである。しかも、ほとんど一人勝ちだ。ドンキの立ち上げ時、日本全国にディスカウントストアは中小あわせて数万軒あると言われていたが、今生き残っているのはほぼ皆無に近い。当時の業界全体の売上を、ドンキが一社でカバーするほどになった。また、私より能力があって、仕事に熱心で、朝早くから夜遅くまで死ぬほど働く経営者は山のようにいたが、いつしか彼らも姿を消していった。

それでは、私の成功要因は何だったのか。あれこれと考えているうちに、「運」の存在に思い至るようになったのだ。

運は自分自身でコントロール可能

ここで言う「運」は、単なる「ツキがよかった」という類の話ではない。今でも私は自分の身の上話をすると、多くの人から、「安田さんは本当に運が強いですね」などとよく言われる。だが、私自身は特別に運が強いわけではない。災難を招いた「不運」を、「幸運」に変える力が強いのだ。

私は、人によって運の総量そのものに大差はないと考えている。現実を見れば、明らかに運のいい人とそうでない人はいるだろう。しかし、それは与えられた運をどう使ったかという違いに過ぎない。すなわち、運のいい人とは「運を使い切れる人」であり、運の悪い人は「運を使い切れない人」あるいは「使いこなせない人」だと言える。詳しくは本文で説明するが、運を良くする行為、悪くする行為は必ずある。例えば、不運の時の悪あがき（第二章）や、他罰的な言動（第四章）は、運を著しく落とす要因となる。

つまり、運は自分自身でコントロール可能なものなのだ。私はこれを「幸運の最大化と不運の最小化」（第一章）と呼んでいる。人生には幸運と不運が交互に訪れる。不運が訪れた時はいかにその不運を最小化するか、幸運が訪れた時はいかにその幸運を最大化するかが問われる。不運の時は下手に動かず、チャンスが巡ってきたら一点突破でがむしゃらに突き進む。こうして私は、人生と仕事において運を使いこなそうとしてきた。

さらに言えば、個人の「運」を会社組織の「集団運」に転化することで、さらに運を大きくしていくことが可能となる。

どちらかというと私は、遅咲きの経営者である。ドン・キホーテを立ち上げたのは三十九歳の時だが、そこから十年くらいは、企業として急成長は遂げたものの、内実は四苦八苦の連続だった。ＰＰＩＨの業績が目を見張るように伸びた（率ではなく額として）のは、私が五十歳を過ぎた頃からである。さらに還暦（六十歳）を越えた二〇一〇年から今に至る間に、その売上と利益額は四倍以上と飛躍的に増えた（三十二頁の別表1参照）。

ここで何が言いたいかというと、運の良し悪しは、その個人に留まらないということである。とりわけ会社（組織）には「集団運」というものがあって、これが成長と発展の決め手になる。そんな「集団運」を育めば、個々人がおのずと自燃・自走する最強軍団が出来上がる。そうなれば、会社は大きな成長と発展を遂げることになる。

この三十年を振り返ると、家電メーカーなどの日本を代表する企業は、かつての栄光と反比例するようにどんどん業績が落ちていった。それに対して、ＰＰＩＨの業績は二倍、四倍、八倍……といわば倍々ゲームのように大きく膨らんでいった。これは当社の「集団運」が起こしたミラクルだと、私は自負している。

運は誰も言わない「巨大な真実」

運は決して「宿命」ではない。気持ちの持ち方次第で、いくらでもコントロール可能なものだ。だが多くの人は、運そのものを正面から捉えたり、真面目に語るようなことはしない。単に、「運が良かった」、「運が悪かった」という話でオシマイにしてしまう。

もちろん、災害に見舞われるなど、自分一人の力ではどうにもならない不運もある。

「運は人智を超えたもの」という解釈に敢えて異論を挟むつもりはないが、だからと言って、「運は天に任せざるを得ない」という常識論法に与《くみ》するつもりはない。私は「運任せ」という言葉が一番嫌いだ。運は自ら切り開いていくものだと考えている。

運というのは、誰も言わない「巨大な真実」だ。私の人生を振り返ると、常に運という巨大な力に翻弄されながらも、何とかそれをコントロールしようと奮闘してきた。私なりに運を科学して、必勝パターンを分析し、「個運」と「集団運」を磨きに磨き上げてきた。だからこそ、今の私とＰＰＩＨの繁栄があるのだと断言できる。

そうした意味で、私は自らを「運の生き証人」と自認している。独自の視点から運を語る資格を有する者と言えるのではないか。

本書は運に関するリアルな処世の書

あくまで本書は、運に関するリアルな処世の書という位置づけである。少なくとも私は、現実から遊離した言葉遊びや禅問答的な議論をするつもりは一切ない。私がこれまで採用してきた手法の中で、最も確実かつ効果の高かったものを紹介し、地に足がついた議論を展開するつもりだ。従って本書は、運に関するあまたの思想書や哲学書、宗教書的なものとは、立脚点と次元を全く異にした、ある種の実学書的なものとなろう。

最後に、本書を読んでいただくうえでの留意点に触れておきたい。

本書では、第一章から第五章までを主に「個運」に関して、第六章から第七章を「集団運」に関しての説明に割いた。そのうえで、第八章からエピローグでは、個運と集団運を合体した「総体運」的なものについて、私の経験や考えを述べている。

個運が良くなければ何も始まらない

留意すべきは、それぞれの個運が良くなければ、集団運も良くなり得ないということだ。つまり、「個運が良くなければ何も始まらない」のである。

また、私のような経営者にとっては、集団運に恵まれなければ、結果として個運も良くならない。そういう意味では、両者は密接不可分な関係にあるわけだが、いずれにせよ個運こそが成功や幸福の出発点であると、私は確信している。

まずは個運を上げることが何よりも重要であると、最初に申し上げておきたい。

さて、「運」をめぐる探検に皆様をご案内しよう。本書を読み終える頃には、確実に運を良くする手がかりが掴めていることを、私が保証する。

運

ドン・キホーテ創業者「最強の遺言」

◎目次

構成・月泉 博

第一章　運という未開の大陸に分け入る

「運」の思考停止状態から抜け出せ

そもそも「運」とはいったい何だろう。まずはこの原初的にして深淵無比《しんえんむひ》とも言える問いかけに対する見解を述べておこう。

私が考える運とは、その人が成し得た人生の結果そのものである。つまり、「運が良かった」というのは、その人が困難にもがきながらも、努力し行動した結果、人生が結果的により良い方向に向かったということなのだと、ごくシンプルに捉えている。

運は不確か極まりなく、広大無辺《こうだいむへん》な宇宙のようなもので、その全容と本質をはっきりと摑《つか》むのは難しい。しかし、そこで安易に「思考停止」してしまうのはいかがなものかと、私は強く思っている。人類の歴史を振り返ると、我々は常に問いを立てて実証し、考え続けることで、この世の真理に迫ろうとしてきた。例えば、宇宙に関して現時点で分かっていることはごくわずかだ。それでも人類は古代から天体の運行を観測し、物理学を発展させ、宇宙開発を熱心に進めている。あるいは生命についてもまだ分からないことだらけだが、医療は長足の進歩を遂げ、我々は〝人生百年時代〟を迎えている。

一方で、なぜか運に関しては、人々は「人智の及ばない致し方ないもの」として、真剣に考えることを放棄している。結果、運否天賦《うんぷてんぷ》（運任せでなるようにしかならない）といった刹那的《せつなてき》な考え方や、オカルト的な全く根拠なき怪しげな言説がはびこったりもする。

そうした「思考停止状態」から抜け出さない限り、運という領域には何の進歩や発展も見られないだろう。私はこれまでの人生で、運という巨大な真実に翻弄されながらも、何とかコントロールしようと奮闘してきた。誰よりも運に向かい合い、圧倒的なエビデンスを積み上げてきたつもりだ。**そうした経験があるからこそ、運を良くする方法、悪くする方法というものが存在すると、確信をもって言えるのである。**

その具体的な方法論について、これから各章で解説していくわけだが、まずは私自身の人生と生き様について、時系列的に語ることをお許しいただきたい。

子供時代からの孤独感と疎外感

私は一九四九（昭和二十四）年、岐阜県大垣市に生まれた。父親は工業高校の技術科教師、母親は専業主婦という、どこにでもあるような地方の家庭である。父親は教育者のイメージそのままの堅物で、酒もタバコも一切やらない。長男だった私への躾《しつけ》はとても厳しく、テレビも「NHK以外は見るな」と言われて育った。

決まりきった日々を淡々と送り、小さなことで一喜一憂している父親を見るにつけ、

「オヤジみたいな人生は、ちっとも面白くない」と反発していた。戦後の厳しかった時代に、子供たちを食わせるために必死になって働いていた父親に、今なら共感するし感謝もできる。だけど当時は、「俺は絶対にオヤジとは違う人生を送ってやる」という思いが強まるばかり。教師だった父親が、本当の〝反面教師〟になってしまったわけである。

私は昔から、かなりの変わり者だった。無鉄砲なやんちゃ坊主で、おまけに天《あま》の邪《じゃ》鬼《く》。そのうえ、根拠のない自信に満ち溢《あふ》れていた。同年代の中では比較的大柄で、腕っぷしも強く、さらには超のつく負けず嫌いだったため、小・中学校時代はガキ大将を通した。当然ながら勉強などできるわけもなく、大人しく机に座って授業を聞くのも苦痛だった。

私は、幼い頃から自分にはある〝特技〟があると気づいていた。人が思いつかないようなことを考え、自ら実行する傍ら、周りの人間を巻き込んで仲間に加え、多くの人をその気にさせてしまう「人心掌握」が得意だったように思う。第六章以降で説明するが、「人を情熱の渦に巻き込む力」については、持って生まれたものが大きかったかもしれない。

ただ、子供の頃は私自身も未熟であり、相手から反発をくらうだけで上手くいかないことのほうが多かった。結局は、腕力で子分を従えるようになり、ガキ大将とは言っても、本当の友達は一人もいなかったように思う。当時流行っていたテレビ番組やマンガにも興味はなく、仲間内で群れたりするのも大嫌いだった。

どうも自分だけ浮いているな、皆とズレているな……。十歳くらいの頃から、そんな疎外感や孤独感のようなものを常に引きずっていた気がする。自分の特殊さを意識しつつ、皆の中で孤立しないように、あえて凡庸な部分を前面に出して過ごしていた。そうした生活を送るうちに、ある直感のようなものが私の中に生まれたのだった。

「俺はきっと大成功するか、大失敗するかのどっちかだ」

自分の人生は太くて短いものになるだろうと、子供だてらに将来の波乱万丈ぶりを予知していたのである。

若き日の蹉跌《さてつ》

私は子供心にも小市民的な生活が退屈でたまらず、保守的な地方都市や実家から抜け出したい一心で、都会の大学への進学を試みた。高三の秋くらいから豹変《ひょうへん》したように猛勉強に取り組み、晴れて慶應義塾大学法学部に進学した。

だが大学に通い出して早々、私は強烈な嫉妬心《しっとしん》と劣等感、悔しさにさいなまれた。周囲の同級生たちはやたらと垢抜《あかぬ》けてかっこいい。とくに附属校から上がってきた正真正銘の

〝慶應ボーイ〟たちは、ガールフレンドを連れて車を乗り回していた。それに対して私はジーパンとセーター、下駄《げた》履《ば》きといったダサい出で立ちで、女の子とは会話どころか目も合わせられなかった。私は「ああ、こいつらいいな」と心底羨《うらや》み、やっかんだものだ。

同時に「サラリーマンになってこいつらの下で働く人間にだけは、絶対なりたくない。ならば自分で起業するしかない」と心に誓った。私の起業家としての原点である。

結局、周りとは全くそりが合わず、大学には二週間ほどで行かなくなり、麻雀三昧の日々が始まった。当然のように一年生で留年、それが父親にばれて仕送りは途絶えた。当時は今のようにアルバイトを選べる時代ではなく、わざと労働者風の格好をして横浜・寿町のドヤ街に寝泊まりし、沖仲仕《おきなかし》（港湾労働者）などをやって糊口《ここう》をしのいだ。

身をもって知った悪徳商法

大学卒業後は、経営者になるノウハウを学ぼうと小さな不動産会社に入ったのだが、これがとんでもないところだった。坪単価五百円の原野を、「別荘地」として、坪単価一万円で売りつけるような悪徳商法をおこなう会社だったのだ。ある時、なけなしの二百万円を持ってきてくれて、契約にこぎつけそうなお客さんがいたが、上司から「あと百万、親戚から借りてこさせて売れ」と言われたこともあった。善良な市民たちを騙《だま》すようなやり方に愛想がつき、さすがに「こんな会社はもう辞めよう」と思ったところ、会社のほうが先に潰れてしまった。

入社十カ月で会社が倒産とは、運が悪いと思われるかもしれない。だが、この出来事は長い目で見れば、私の運を上げたと言える。人生において絶対にやってはいけないこと、すなわち運を落とす行動の典型例について、身をもって思い知ることが出来たからだ。こうしたあこぎな商売をやる会社は、独裁型の経営者が率いるブラック企業が大半だ。第七章で詳しく説明するが、社会のためにならない行為、独裁やブラック企業は、間違いなく運を落とす要因の一つである。このような仕事だけは一生やるまいと、固く心に誓った。

一歩間違えればホームレスに転落？

会社の倒産後、私には再就職するつもりは全くなかった。いずれ独立しようと考えて、あえて小さな会社を選んだのに、妥協して中途半端な会社に再就職すれば、結局負け犬の人生を歩むことになる。それだけはまっぴらゴメンだった。こうして私は、かなり破天荒かつモラトリアムなプータロー生活に突入することになる。

もう時効だから言えるが、当時の私は麻雀の世界でプロギャンブラーとして生きていた。追い詰められた私に残された、たった一つの特技は麻雀だった。大学時代にかなりやり込んだおかげで、卒業する頃の腕前はプロ顔負けになっていたのだ。当時、フリー雀荘はまだほとんどなかったので、一般的な雀荘に通い、欠員が出たら卓に加えてもらった。ここで負けたらもう後がないという崖っぷちのような勝負を、私はギリギリの思いで幾度も勝ち抜き、糊口をしのいだ。そうやって、毎日、毎日、運と格闘し続けていたのである。

さらに明かせば、後に「泥棒市場」を創業する際の開店資金（約八百万円）も、麻雀で稼いだ金を死ぬ気で貯め込んだものだ。言ってみれば、ギャンブルの果実を種にビジネスを起こして、二兆円企業を築いたわけである。普通はビジネスで稼いでギャンブルで失うものなので、私の場合は超レアケースと言えよう。

今でこそ私は、世間でいうところの億万長者なのだろうが、当時の私は、屋外にブルーシートを敷いて、公園などで配られる炊き出しに並ぶような人たちと、紙一重ではなかったかと思っている。これは誇張でもなんでもない。私のプータロー時代は、まさに塀の上を歩くような生活で、一歩間違えれば文字通りホームレスに転落していただろう。

無頼な日々に終止符

　だが、そんな生活も六年で終わりを迎えることになる。当時の私のライフスタイルは、徹夜麻雀をして朝帰りし、夕方にまたゴソゴソ起き出して雀荘に出掛けるというものだった。徹夜明けに帰宅しようと駅に向かうと、通勤客が電車からホームにいっせいに降りてくる。私だけがそのなかを逆方向へと向かっている。その都度、「自分は世間から外れたことをやっているんだな」と、もの悲しく再認識させられた。「自分は大学まで出て、一体何をやっているのか」という当たり前の事実に遅ればせながら気づいたのである。

「だったらビジネスで何か、結果を作ってやろう。単なる雀ゴロで終わってたまるか！」

　そう思い始めた頃、ちょうど運良く（?）、私は麻雀界から追放されかけていた。二十代の若造にもかかわらず、やたら麻雀が強くなりすぎていたからだ。勝てば勝つほど敬遠され、相手を探すのも一苦労だった。言い換えれば職場を失いかけていた状態で、足を洗わざるを得なくなったのである。

　では、自分に一体何ができるのかを考えてみると、技術もコネもカネもない。やむを得ず選んだ選択肢が、モノを売る仕事だった。その頃、ディスカウントストアが全国でポツポツと登場し始めていた。どこの店に行っても、不愛想な店主が客をジロッと見るだけで、ろくに挨拶もしない。逆に、「これなら俺でもできる」と、安易に目をつけたのだ。

「運」という絶対的かつ確信的な概念

こうして一九七八年、私は東京・西荻窪で、ドン・キホーテの原型となるディスカウントストア「泥棒市場」をオープンさせる。二十九歳の時だった。麻雀から完全に足を洗って正業に就いたわけだが、六年間のプータロー生活で学んだことは、全てこれからの商売と経営に活かしてやろうと考えていた。あの六年間こそが、私の原点である。雀荘には魑《ち》魅魍魎《みもうりょう》が跋扈《ばっこ》しており、本当にあらゆる種類の人々と出会った。私は彼らと、まさしく**生死を賭けた運の格闘をおこなうことで、人生における必勝法、実践的MBAとも言うべきものを身に着けた**と思っている。

もちろん、アカデミックなMBA（経営学修士号）と正反対の〝体験的実学〟だが、その後の経営者人生で大変役に立った。自身の目の前に壁が立ちはだかった時、過去の経験と照らし合わせて考え、独自の仮説を立て、実際に行動に移して検証してみる。この**仮説と検証を交互に繰り返しながら、現在に至っている**わけだ。後述するが、その仮説の前提には、「運」という私にとって絶対的かつ確信的な概念が〝実在〟しているのである。

ドン・キホーテの原型となった「泥棒市場」

〝禁じ手〟を繰り出し続けて大繁盛

　もっとも、「泥棒市場」を開いた後も、しばらくは大いに苦労した。それもそのはず、文字通り徒手《としゅ》空拳《くうけん》の素人が、「安けりゃ何でも売れるだろう」くらいの発想で始めた商売が、最初からうまく行くほど甘くはない。

　それでもこの店は、私の命をかけたような孤《こ》軍《ぐん》奮《ふん》闘《とう》と、五感をフル動員した工夫と努力によって、現在のドンキ名物とも言える「圧縮陳列」や「ＰＯＰ洪水」、「深夜営業」などを編み出した。詳しくは後述するが、流通業の常識から考えると〝禁じ手〟を繰り出し続け、「泥棒市場」は超ユニークな大繁盛店へと育っていった。

　その後、問屋業に参入しようと、五年ほどで「泥棒市場」を他人に売却。新たに現金卸売業の「リーダー」を設立した。この「リーダー」は数年もしないうちにディスカウント向け問屋として関東一の規模になり、最盛期には年商五十億円を超えた。ただ、それでも私は満足できなかった。商品の仕入れも販路も限られた特殊な現金問屋だったので、これ以上の規模拡大は難しい。そこで私は、「泥棒市場」で培った独自商法、「リーダー」で蓄積した資金力と商品力をもって、再び小売業で勝負しようと思い立った。そうして一九八九年、ドン・キホーテで再び小売業に参入したわけである。

「はらわた」の底から活路を考える

しかし、そこからも苦難の連続だった。詳しくは第二章で述べるが、一九九九年、深夜営業を巡って地元住民との摩擦が生じ、大規模な反対運動が巻き起こった。さらにその五年後の二〇〇四年、ドンキを狙った連続放火事件が発生。十二月十三日には浦和花月店が襲われ、従業員三名が犠牲となる大惨事となった。

もうどうにもならない。このままでは死あるのみ。ついに俺の人生も終わったか……。そんな思いに駆られることもしばしばだった。そのたびに、もがき苦しみ、唸りながら、考えに考えた。冷静に理詰めで考えるなんてもんじゃない。文字通り「はらわた」の底から振り絞るようにして、生き残るための活路を必死で考えたのだ。

ちなみに「はらわた」はＰＰＩＨの社内報タイトルにもなっているが、逆境から立ち上がり、目の前の壁を破る力のことをいう。その場しのぎの泥縄でもかまわない。とにかく今、この瞬間を生き延びるために苦しみ抜いて考えるのだ。

問題を考える際には、どこに問題点があるのか明確に認識することが必要である。昔なつかしいラムネの瓶《びん》を思い浮かべてほしい。瓶の首が細くなって流れが滞る場所を「ボトルネック」、または「隘路《あいろ》」と呼ぶ。

私の頭の中にはいつも、このボトルネックが複数存在していた。こちらからあちらに行きたいけれど、ボトルネックの先には進めない。逆にそこを抜け出すことが出来れば、一気に問題が解決する……。毎日毎日、ああでもないこうでもないと、それこそ「はらわた」で考え続けるわけである。

すると、ある日突然、ボトルネックをスコーンと抜ける瞬間がやってくる。思考がスパークし、隘路を抜ける方策がハッと思い浮かぶ。半信半疑でその方策を試してみると、これが見事に当たり、新たな成長拡大へと向かっていく。この繰り返しが私とＰＰＩＨの成

PPIH 売上高・営業利益の推移

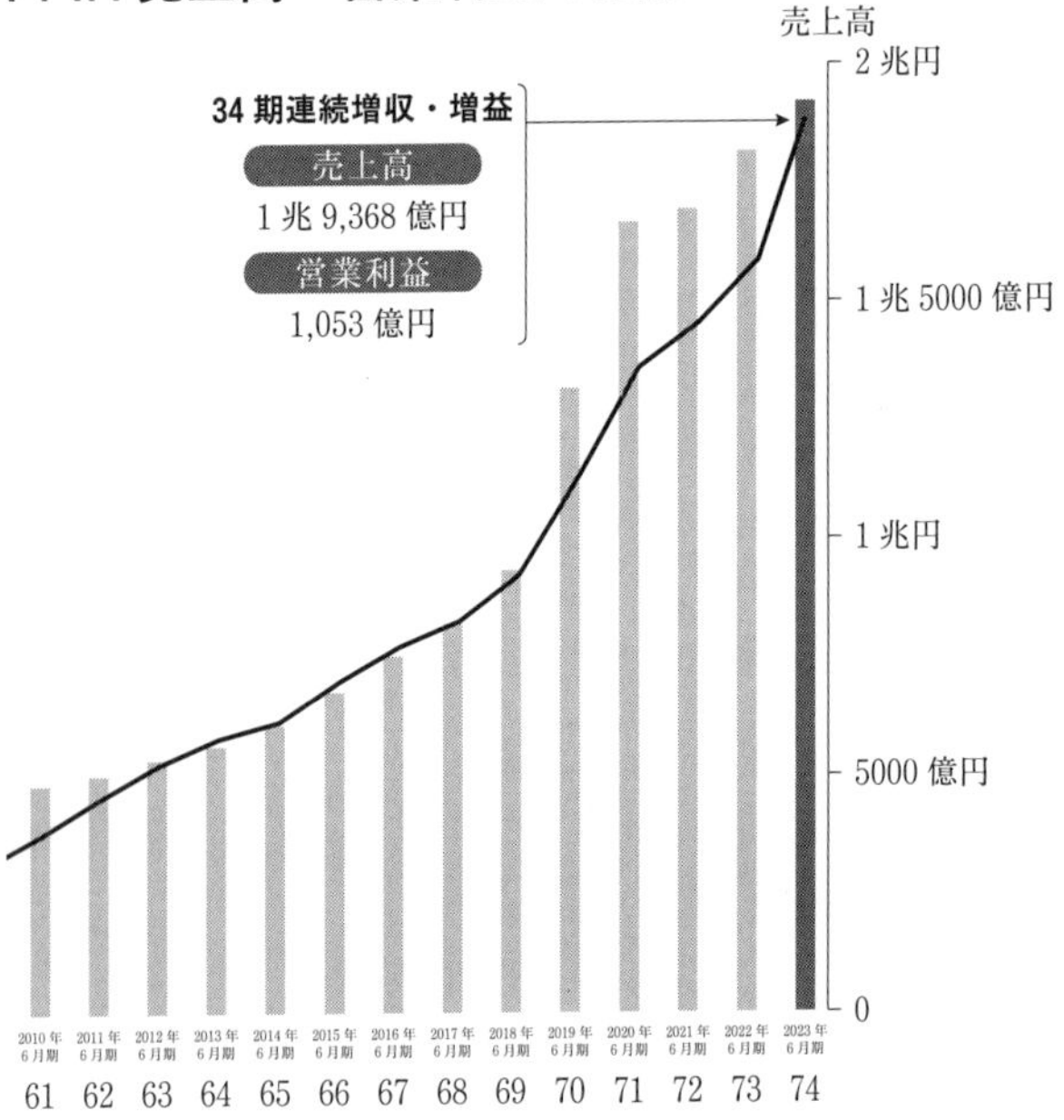

功の歴史である。

一人勝ちの「ミラクル」はなぜ起こったのか

今やＰＰＩＨは、押しも押されもせぬ国際的コングロマリット流通企業となった（別表１参照）。しかも、日本の上場企業約三千九百社の中で、創業時から三十四期連続で増収増益というのは、ＰＰＩＨただ一社だけということだ。

ここで注目していただきたいのは、ＰＰＩＨが、

別表1

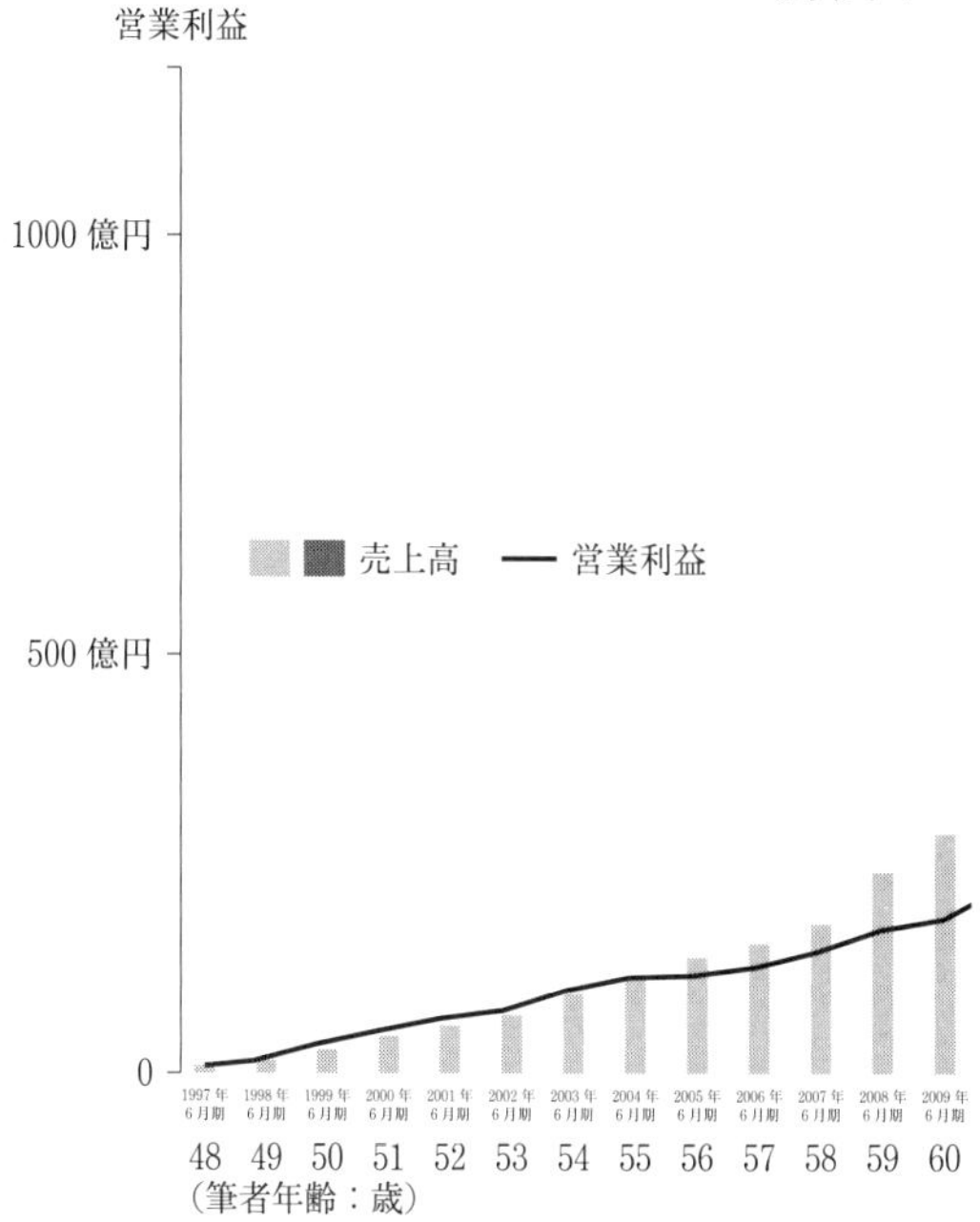

「失われた三十年」と言われる日本経済の大失速をものともせず、むしろそれを逆手に取るようにして、一人勝ちのような成長を遂げたことである。これは「ミラクル（奇跡）」と呼ぶにふさわしいだろう。

　考えてみて欲しい。その時々で外部環境変化や突発的な出来事（地震などの天変地異、リーマンショック、コロナ禍など）に直面すれば、収益基盤が堅固な超優良企業といえども、三十年以上にわたり右肩上がりの成長路線を維持するのは並大抵のことではない。

ではなぜ、ＰＰＩＨはミラクルを起こすことが出来たのか。アンチチェーンストアに代表される当社独自の逆張り経営、徹底した権限委譲と個店主義、他社が容易に真似できない組織・業態としてのオンリーワン性……と色々挙げることができるわけだが、それらだけではなかなか説明がつかない。当社が築き上げてきた独自の戦略は、あくまでミラクルの必要条件に過ぎないというわけだ。

ならば、十分条件は何かと考えると、「運」と言う他ないのである。

当社もこの三十数年間、それこそ激変、激動の連続で、ありとあらゆる災難に見舞われた。企業存亡の危機に直面したことも、一度や二度ではない。にもかかわらず、一貫して増収増益を重ねることができたのは、創業者の私が〝運の使い手巧手〟だったからだと自負している。

人生経験年齢三百七十歳で見えてきたこと

私は現在満七十五歳だが、ここまでざっと記してきたように、普通の人と比べて非常に濃密な人生を送ってきた。今でこそ売上高二兆円を誇るＰＰＩＨの創業者として、世の中では成功者の部類に位置づけられているが、若い頃は文字通り所持金ゼロになったこともあるし、とんでもない逆境にも見舞われてきた。人生経験だけで言えば、実年齢の五倍の三百七十歳と言えるかもしれない。要するに、成功と失敗の回数とその振幅の大きさが、普通の人の少なくとも五倍はあるということだ。

その三百七十年分の経験値をもって、運という摩訶不思議なものを考えてみると、様々な真実が見えてくる。つまり、運は本人の意志と努力次第で、ある程度はコントロール可能だということだ。私は、人によって運の総量そのものに大差はないと考えている。運を良くする行為、運を悪くする行為によって、個々人の運の総量が変わっていくのだ。**運のいい人とは「運を使い切れる人」であり、運の悪い人は「運を使い切れない人」あるいは「使いこなせない人」**だと言えよう。

そうしたことから、本書で定義する運とは、**自らの行動によって機能する〝変数〟のようなもの**だと捉えてもらっていい。誰にでも平等に発生する運の変動をうまく摑めるかによって、ビジネスと人生で勝ちを得る成功者になるかどうかが決まるのだ。

もっとも成功者にも、種類は色々あるだろう。社会的・財産的な成功を収めなくとも、個人的に心の安寧と満足感を得られた者が成功者だという考えに同調はする。ただ、本書で論じる成功者は、主に前者（社会的成功者や財産的成功者）、あるいは前者と後者を同時に実現した場合を指すことにしたい。

学習効果の及ばない不可避な領域もある

こんなことを言っていると、様々な反論が出てくるだろう。

例えば、「戦争や災害に巻き込まれるなど、個人の努力や頑張りではどうにもならない運が数多くあるじゃないか」と言う人がいるかもしれない。第二次大戦中に迫害されたユダヤ人、現代でも一部の独裁国家で飢えと迫害に苦しむ人、あるいは意図せぬ戦争に巻き込まれたウクライナの人々を見ていると、個人の努力や頑張りが全く通用しない世界もあるのではないかということだ。

そうした反論は十二分に理解するし、現在も苦しまれている方々のことを思うと大いに心が痛むが、本書では不可避かつ特殊な領域の現象については扱わない。夢のある、前向きな議論が出来なくなってしまうからだ。ここでは、一般的な環境において運をコントロールすることを論じたいと思う。大事なのは、現実に与えられた条件のもとで、いかにベストを尽くすかである。そのうえで、不可避な災難に遭遇《そうぐう》した人たちに、何ができるのかを別途考え、思いを致すべきではないだろうか。

こうした不可避な不運とは逆に、宝くじに何回も当たるような幸運も、ごく少数の確率で起こり得るだろう。ただし、これも特殊な領域での現象であり、本書ではその考察や言及に意味がないという立場をとる。

また、仏陀が説いたとされる「生老病死《しょうろうびょうし》」、すなわち生まれること、年をとること、病気をすること、死ぬことの「四苦」も不可避の領域である。私は基本的に、そうしたものにはエネルギーを費やさないようにしている。無駄に労力を奪われるだけで、さらなる衰《すい》運《うん》を招きかねないからだ。逆に言えば、**不可避なものに対する諦めの良さも、強運の基礎になる**ということである。とりわけ個運においては、その要素が強いはずだ。

運とツキの違い

あるいは、「運というのは先天的に決まっているものじゃないのか」「ジャンケンなどのゲームに連続で勝つことは難しいんじゃないか」と質問してくる人もいるだろう。このような問いに対し、まず明確にしておきたいのは、長期的な「運」と、短期的な「ツキ」は、全く別物だということだ。結論から言えば、勝負事などの**短期のツキをコントロールする**

ことは、実質的に不可能である。ここで「なんだ」とガッカリしないでほしい。人生とビジネスにおける**中長期的な運であれば、十分にコントロール可能である**からだ。少なくとも「個運」にかんしては、本人の意志と努力次第でいかようにもなる。

運は最大級の複雑系科学

中長期的な運のコントロール方法について、具体的・論理的にきちんと整理、記述した文献は、私の知る限り皆無に等しい。運の概念は、あまりにも多種多様かつ著しい変化要素を包含していて、前提条件が定まらないからだろう。ただ、そうは言っても、**確率論的に「大体こうなるだろう」というパターン認識のようなものが、私の中には確実にある。**

本書はそのパターンを整理し、様々な実例を交えながら明らかにしていくというものであり、運に関する科学的証明の書ではない。科学的証明とは「こうすれば例外なくこうなる」ということであるが、人生は一回しかないので、運はそのような証明の対象にはならない。再現性が一〇〇%で、原理原則的に確定した理論でなければダメだという科学とは、そもそも次元が異なるのだ。

そういう意味では、運は「複雑系」の究極と言え、たとえば正確な地震の予知ができないのと同様かもしれない。しかし、そんな天変地異の予測はできずとも、明日や数日先の天候は、相当な確率で予測できる。もちろん時々外れることもあるが、人はそれを「非科学的だ」とは言わないだろう。

確率論的に「ほぼこうなる」というのであれば、やはり広く知らしめる方がいい。色んな批判も含めて賛否両論あるだろうが、それでもつまびらかにした方がいいと私は考える。人生体験年齢三百七十歳の私が、この世から消え去る前に、多くの人に万感の思いとこれまでの感謝の意を込め、是非ともそれを伝えておきたいのだ。

「運の感受性」を研ぎ澄ます

まず世の中には、**運に対する「感受性」が強い人と弱い人が存在する。**運に対する感受性が弱い人は、いくらＩＱが高くて働き者であっても、仕事や人生でかなりの間違いを犯して損をする。逆に、運に対する感受性が強い人は、多少のハンデなどものともせずに、成功をおさめることができるのだ。

卑近な例で恐縮だが、当社の営業の要と言える、大幹部職の支社長たちを見ると、多くが三十代から四十代前半だ。学生時代に彼らより勉強ができて優秀だった人間は同世代にたくさんいるだろうが、若くしてこれだけ重大な要職を任されているケースは少ないのではないか。その違いはどこにあるのかといえば、運の感受性の有無に他ならない。

ここで何が言いたいかというと、**運の感受性には、単なる頭の良さや勤勉さなどは関係がない**ということだ。後ほど詳しく説明していくが、運の感受性はほとんど、「人間対人間」の問題に帰結するからである。

「成功の種」と「オリジン」が詰まっていた六年間

近頃は「運をつかむ」とか「運を支配する」などというタイトルがつく本を、書店などでよく見かけるが（実際に読んだことはない）、体験論的に言えば、**運はつかむものでも支配するものでもない。自らが受け皿となり、寄り添うべきものだ。**運をどうこうしようと必死に向かっていっても、ただ跳ね返されるだけで終わってしまう。そういう意味で運は、愛と同じようなものと言えるかもしれない。

もう少しかみ砕いて説明しよう。運の感受性というのは、自分にとって追い風となるチャンス、向かい風となるピンチを見極める能力のことを指す。ビジネスなどで明らかに運のいい人を見ていると、ほぼ例外なく、潜在的なチャンスとピンチを見極める能力に非常に長《た》けている。言ってみれば彼らは、運の感受性における〝達人〟たちなのだ。

どんな生き方をするにしても、人生には幸運と不運が等しく訪れる。何かを成そうとする時、運が自らの身に向かい風になるのか、はたまた追い風になるのかで、その結果にとてつもなく大きな差がつくのは明白である。率直に言うが、個々の能力や力量、精神力などで、運の向かい風を跳ね返すのは不可能に近いというのが私の実感だ。

となれば、不運の時は下手に悪あがきをせず、幸運が巡ってきたらそれを追い風にして一気に上昇するのが、必勝パターンだと言えるだろう。

私が運の感受性に開眼したのは、プータローとして生活していた頃だった。〝どん底〟のように思えたあの六年間にこそ、運の感受性に開眼して、それをもとに幸運をたぐり寄せていく、いわば「成功の種」と「オリジン」が詰まっていたような気がする。

前述したように、麻雀で生計を立てていた時代は、文字通り運と格闘し続ける毎日だった。ここで負けたらもう後がないという崖っぷちのような勝負を、ギリギリの思いで幾度も勝ち抜き糊口《ここう》をしのいだ。

しかし、そうやって勝ち続けていると、いわゆる〝カモ〟と称される人たちからは完全に敬遠され、勢い百戦錬磨の猛者のようなプロ雀士たちに立ち向かわざるを得なくなる。

そんなプロ雀士との息の詰まるような真剣勝負をこなすうち、「運気の流れ」や「勝負の勘どころ」などを見抜く力を身に着けたと思っている。ある種の風（追い風や逆風、横風など）を感じて反応する力とでも言おうか。「風を読む」という表現があるが、その感覚（体感）に近いかもしれない。自分に流れが来ていると感じた時は攻めの姿勢を貫き、ツキがないと感じた時は無理をせず「見《けん》」を決める。そうした姿勢のおかげで、大やけどをせずに済んだこともたくさんあった。

運の感受性を磨いたからこそ、私はブルーシート生活に転落することなく、現在のような立場に至ることができたのだ。

運を信じる力

自らの運を上手くキャッチするためには、運の「アンテナ」をピンと立てる、あるいは運の「レーダー」を自分の周りに張り巡らせることが重要となる。

ただし、漫然と成り行き任せの生活を送っているだけでは、アンテナの感度も悪くなり、自分に向かってきている運に気づくことはできない。「何かをやってやろう」という意欲を心の中に充満させせた状態でアンテナを立てればこそ、幸運も不運も敏感に察知することが可能となるのだ。

もっとも、アンテナもレーダーも、それを駆動させる電源が入っていなければ何の意味もなさない。その電源の役割を果たすのが、**自己の中に備わる（あるいは育てた）運の「実在感」**である。運というのが捉えどころのない幻のようなものではなく、確かなものとして実在すると感じることが必要なのだ。自分の行く末は常に運と共にあると認識する、つまり「運を信じる力」とでも言おうか。

この運の実在感がすべての源泉であり、本書を読み進めるうちに読者の方々にも、そうした実在感が確実に伝わり、かつ芽生えてくることを、筆者としては切に願っている。

挑戦が運を引き寄せる前提

次に大事なことは、**未来に希望を持つ「楽観論者」のほうが運に恵まれるということだ。逆に、悲観論者には運はやって来ない。**楽観論者のほうが悲観論者よりも圧倒的に勝率が高く、それが成功へと至る近道となる。

そもそも成功者というのは、リスクを恐れて悲観的に何も行動しない人ではなく、むしろ何かを成そうと、楽観的に常にチャレンジを続ける「挑戦者」である。いつの世もリスクをとらなければ、大きなリターンはあり得ない。何よりも「挑戦者」であることが、運を引き寄せる上での前提条件になるのだ。

私の人生も挑戦の連続だった。「泥棒市場」で小売業に参入、かと思えば問屋業へと飛び込み、再び小売業に戻ってくる……。「泥棒市場」を始めた時の私は、専門的な能力や特技、カネもツテも全くゼロの状態だった。にもかかわらず、私はいつも分不相応な挑戦を企てていた。それこそ他人が聞いたらプッと吹きだすような、大それたことばかり考えていたのである。周囲の人々の目には、自分のことが何も分かっていない、バカで夢見がちな若者と映っていたに違いない。

ただ、私の中にはいつも、「俺はいけるかも知れない」という根拠のない自信があった。どこからそんな自信が湧いてくるのか。壁にぶち当たって色々と苦悩し、もがき続けている中でも、実は小さな希望の灯みたいなものが、ここかしこに散らばっているのだ。それを心の中から一生懸命拾い集めて、自らの全知全能をフル動員し、少しずつ運を開花させていったのである。

運を科学する——大数の法則とは

さて、本章の最後では、少し科学的な視点から運を眺めてみようと思う。

皆さんは、「大数《たいすう》の法則」をご存じだろうか。これは統計学や確率論において、きわめて重要な基本法則の一つであり、多くのビジネスや産業（例えば、保険業や金融業、株式市場やカジノハウスなど）においても応用されている。

この大数の法則は、何も難しいものではない。要は、サンプルの数が多ければ多いほど、その平均は母集団《ぼしゆうだん》全体の平均に近づくというものだ。

例えば、サイコロを振って一の目が出るのは偶然だが、振る回数を増やせば増やすほど、その確率は六分の一に近づいていく。あるいは、コイントスで表と裏の出る確率も、回数を増やすごとにそれぞれ二分の一に近づいていく。試す回数が増えると確率が一定値に近づくことを意味している。

逆に試す回数が少なければ、サイコロの目の数やコインの表裏は偶然によって左右される。サイコロであれば、出る目が全然定まらない。コインであれば、表や裏が連続して何回も出てくるということが起きるわけだ。これが統計の〝揺らぎ〟と呼ばれるもので、結果がまるで読めなくなる。先ほど述べた「短期のツキ」は、このような状態を指す。

賢明な読者の皆さんはもうお気づきだろう。私の言う運の所作、すなわち「人生における中長期的な運のコントロール」というのは、この「大数の法則」に則《のっと》ったものだと言え、科学的な面からも自信をもって主張することができる。運を良くする行為、悪くする行為は、サンプル数が多ければ多いほど、よりハッキリ見えてくるということだ。つまり、人生においては常にチャレンジを続け、サンプル数を多くしていくことが重要なのだ。

運におけるハウスになる

一方、多少なりともギャンブルをたしなむ方ならご存じだと思うが、「控除率《こうじょりつ》」と呼ばれるものがある。控除率とは各種ギャンブルやカジノにおいて、ハウス（胴元《どうもと》）がプレイヤーに比べて優位に立っている程度を示す数値（基本的には手数料率）で、言うまでもなく控除率が高いほど、ハウスが勝ってプレイヤーが負ける確率が高まる。

控除率は賭けやゲームの種類によって異なる。宝くじやスポーツくじなど射幸性《しゃこうせい》のみによるものは別にして、我が国の公営ギャンブルの控除率は二五％と、世界でも例を見ない異様に高い数値である。日本のギャンブルファンが、国や地方自治体によって、いかに過酷に搾取されているかが分かる。

ちなみに麻雀は、場所代を除けば控除率がゼロであり、そういう意味で、運と実力のみによって左右される純粋なギャンブルと言え、だからこそ私は、確信犯的にその腕を磨きに磨いて、何とか生計を立てることができたのである。

それはともかく、**この控除率がある限り（いかに低い数値であろうとも）、短期のツキに恵まれる例外を除いて、プレイヤーはハウスに対して中長期的には絶対に勝てない。**プレイをすればするほど、大数の法則が働いて控除率に近づいていくことになるからだ。

ここで何が言いたいかといえば、私たちは運におけるプレイヤーではなく、ハウスになるべきだということである。運における控除率は、私の中にある「運のアルゴリズム」とも言えるパラメーター（具体的には、打率と打点の微妙な掛け合わせのような変数）によって都度変化するのだが、これを分かりやすく言語化するのは難しいので、次章以降に述べる各論によって、おいおい浮かび上がらせて行こうと思う。

第一章のポイント

□中長期的な運は、本人の意志と努力でコントロール可能である。
□「運の感受性」を研ぎ澄まし、潜在的なピンチとチャンスを見極めよ。
□「悲観論者」よりも「楽観論者」のほうが運に恵まれる。

第二章　幸運の最大化と不運の最小化

運のいい人は、運を使いきれる人

大きな成功を収めた経営者や事業家などが、新聞や雑誌、テレビ等のインタビューでその理由を問われ、「いやー、運が良かったからですよ」などと答えているのを、読者の皆さんもよく目にするのではないだろうか。私も聞かれれば、たいがいそのように答えるようにしている。

しかし、私も含めて、それは決して本心ではないはずだ。皆、心の中でこう思っているに違いない。

「運が良かったのは事実だけど、その運を呼び寄せ、活かしきったのは俺の力だ」

なぜ本当のことを言わないのかというと、ストレートに理由を明かしてしまえば、いかにも偉そうで不遜《ふそん》なイメージを与えるし、あらぬ誤解や嫉妬を招きかねない。だから「運が良かった」と無難に省略して答えているのだ。

私は、人によって運の総量に大きな差はないと考えている。たしかに現実を見ると、明らかに運のいい人と、そうではない人がいる。しかし、それは与えられた運を「どう使ったか」ということの違いにすぎない。

「はじめに」でも触れたように、運のいい人とは、「運を使いきれる人」であり、運の悪い人は「運を使いきれない、あるいは使いこなせない人」と言えよう。つまり、**個々人に与えられる運に大差はないが、その使い方によって人生の結果は大きく異なる**ということだ。

運の総量をコントロールする秘訣

「禍福《かふく》はあざなえる縄の如し」という故事成語が意味するように、不運と幸運は交互にやってくることが多いが、コインを投げた時の裏表のように、裏（不運）が何回も続いたり、表（幸運）ばかりが続くこともある。不運と幸運がどのような順序で出現するかを予測するのは困難だが、前章で触れた「大数の法則」を適用すれば、最終的にその確率は、誰しもほとんど半々に近づいていくはずである。

とりわけ私のように、果敢な挑戦を数多くし続けてきた創業経営者は、たくさんの幸運に恵まれる一方、それと同じくらいたくさんの不運に遭遇するものだ。プロの登山家が色んな難所に挑戦すればするほど、遭難のリスクが増えるのと同じである。また、幸運と不運のボラティリティ（変動の度合い）も極めて大きいため、大きな成功の果実を得る一方で、命に危険が迫るような大災難に見舞われることもある。そうした落差に翻弄されることなく、冷静かつメリハリのある対応をしなければ、運の荒波に打ち勝つことはできない。

では幸運と不運が巡ってきた時、私たちはそれぞれにどう対峙するべきだろうか。結論から言えば、**「幸運の最大化と不運の最小化」が最良の方策**だろう。つまり、幸運が訪れた時はいかにその幸運を最大化するか、不運が訪れた時はいかにその不運を最小化するかが、運の総量をコントロールする秘訣である。

えてして人は不運な時に一生懸命もがいて、なんとか自分の受けた損失をカバーしようとする。だが、下手に動くと傷口はさらに広がるものだ。だからこそ不運が訪れた時は、いかにそれを最小化するかということに心を砕かなければならない。少なくとも私は、**不運な時は下手に動かず、自己抑制して何もしないようにしている**。

そうして不運（ピンチ）をしのげば、その後に幸運（チャンス）がやってくる。前述したボラティリティではないが、経験した不運が大きければ大きいほど、訪れる幸運は不運に〝反比例〟して大きなものとなる可能性が高い。そういう時は、まさに「得手《えて》に帆《ほ》を揚《あ》げる（得意なわざを発揮できる好機が到来し、調子に乗って事を行うこと）」ようにして、エンジン全開で思い切りレバレッジ（てこ）をかけ、その幸運を一気呵成《いっきかせい》に増幅させなければならない。「運を使い切る」ことに全力を注ぐのだ。

住民反対運動への対応で得た教訓

実際の例を挙げて説明しよう。私が「不運の最小化と幸運の最大化」の重要性をはっきりと意識したのは、まさに会社の経営においてだった。当社ほど「禍福はあざなえる縄の如し」を地でいく企業はない。どん底に何度も陥るたびに、そのピンチを耐え忍んで、大きな福を呼び込んできたのだ。

一九九五年以降、ドン・キホーテは本格的な多店舗展開を開始し、アグレッシブな攻撃に打って出た。そこからは面白いように売上が伸び、九六年には年間売上百億円を達成し、同年十二月に株式上場を果たす。八号店となる新宿店開業（一九九七年）後は、商業誌が「ドンキ破竹の快進撃」という見出しで特集を組むなど、業界に強烈な〝ドンキ旋風〟を巻きおこした。ライバル企業がバブル崩壊でバタバタと倒産するなか、当社は順風満帆の成長・発展を謳歌《おうか》していたのである。

そんな幸運の絶頂期を迎えるなか、突如として大きな不運が降ってきた。

一九九九年六月に開業した五日市街道小金井公園店に、周辺住民などから「夜十一時閉店」を申し入れられたのである。その理由は「夜間騒音解消のため」というものだ。これを機に、地域住民、はたまた地域住民を自称する市民活動家による、大規模なドンキ反対運動が巻き起こった。

もちろん当社は、当時の大店法（大規模小売店舗法）のもとに出店・営業をおこなっていたので、深夜営業にはなんら法的な問題はなかった。そうした根拠もあり、私は当初、「どこからも文句を言われる筋合いはない」とばかりに社内外で強気な姿勢を貫いた。

だが、これがいけなかった。この反対運動は他店にも飛び火し、さらには出店そのものに対する反対運動も巻き起こった。私の必死の主張は轟々《ごうごう》たるエモーショナルな議論にかき消され、さらにマスコミが「待ってました」と言わんばかりに〝ドンキ悪者論〟を面白おかしく煽り立てたのである。

「深夜営業の急成長企業vs地元住民」というニュースはワイドショーの格好のネタとなり、「企業エゴに対する住民の闘い」という一方的な構図で報じられた。それに反論すれば反論するほどマスコミはさらに食いつき、ますますドンキは悪者に仕立て上げられる。まさにアリ地獄のようなもので、こちらからは手も足も出ない状況に陥った。当社は創業以来の経営危機に立たされたのである。

バッシングに耐え、「今は守り」と腹を括る

反対運動の勃発から一年後の二〇〇〇年、私は急遽、方針を変更した。メディアによるバッシングに忍《にん》の一文字で耐え、「今は守りの時」と腹を括ることにしたのだ。そうすると私自身の未熟さに加え、ドンキが反省すべき点が鮮明に浮かび上がってきた。その反省をもとに、出店に反対する住民の意見・要望をすべて取り入れた店づくりを徹底し、環境対応型店舗開発のノウハウを確立。さらに、店舗周辺の清掃、警備員による巡回管理を強化するなど、地域住民に対する手厚いサービスも実施した。

結果としてこの行動が「不運の最小化」へとつながり、当社に新たな幸運を呼び込んだ。折しもこの年の六月、従来の大店法に代わって、大店立地法（大規模小売店舗立地法）が施行された。この大店立地法は環境の保護を主旨としていたため、当社にとっての「伝家の宝刀」となった。同法がお墨付きを与えてくれたため、強烈な住民反対運動は収まり、スムーズな新規出店が可能になったのである。

幸運絶頂の最中に大きな不運に見舞われ、何とかそれを耐え忍んだ直後、願ってもない幸運が訪れた――。ここで得られた教訓が、「幸運の最大化と不運の最小化」という私の持論を裏づけるものになった。

不運の最小化は「幸運の最大化」によって可能になる

また、住民反対運動から得られたもう一つの教訓は、不運の最小化は幸運の最大化によって可能になるということだ。すなわち、**「幸運の最大化」こそが、運をコントロールする第一歩となる**のだ。

もう少し分かりやすく説明しよう。幸運が巡ってきた時に、運をとことん使い切って、目一杯の果実を収穫しておく。それを不運が巡ってきた際の蓄えとしてキープし、頑丈なセーフティネットを築いておく。そうすれば、向かい風が吹いてきても十分耐え忍べるため、気持ちに余裕をもって不運の最小化ができるというわけだ。

ドン・キホーテも運が巡ってきている時は、人気店を量産するなど、エンジンを目一杯にふかして、せっせと「幸運の最大化」に励んでいた。そうして体力を養ったからこそ、コストがかかる環境問題の対応にもきちんと取り組め、不運を最小化することが出来たわけである。

長い人生でも、大きなチャンス（幸運）には、そう何度も遭遇するものではない。繰り返しになるが、目の前にチャンスが転がってきた時は、がむしゃらに一点突破する気持ちで、行けるところまでとことん突き進むべきである。そうして幸運の最大化を図れば、それがまた次の幸運を引き寄せることにも繋がるのだ。

何回失敗しても、圧倒的な〝大勝ち〟があればいい

ところで、私は人一倍負けず嫌いだが、じつは負けの数も人一倍多い。それにもかかわらず、何とかここまで到達できたのは、何回負けても絶対に致命的な〝大負け〟をせず、勝つ時は〝大勝ち〟を重ねてきたからである。

例えば、当社がこれまでに開発・展開した業態は主力の「ドン・キホーテ」をはじめとして、おそらく百くらいになるだろう。そのなかで現在まで生き残っているのは、買収したものを含めて十五業態ほどだ。単純に数だけを見ると、ビジネスでの勝率は決して高くない。

それでもPPIHは三十四期連続となる増収増益記録を更新中で、目を見張るような大成長路線を歩んできた。ひとえにそれは、〝大勝ち〟を最重視してきたからに他ならない。

野球やサッカーのようなスポーツでは、決められた時間の中で、自分のチームの得点が相手チームより一点でも多く上回れば勝つことができる。一点差の勝利でも、五点差、十

点差の勝利でも、すべて同じ勝ち（一勝）である。そのまま勝ちを積み重ねていけば、最終的な得失点量は問われず、シーズン終了後に順位が決まる。いくら点を取ったかよりも、勝率のほうが重要なのである。

ところが、人生とビジネスではそうはいかない。スポーツと違って一試合ごとの区切りがあるわけではなく、何十年も続いていくものだからだ。ここでは勝率ではなく、得点と失点の差で勝利が決まる。**どこまでも点の総量（得失点差）を競いあう、エンドレスゲーム**なのだ。

従って、何回失敗したかということは、全く気にする必要がない。小さな失敗（失点）がずっと続いていたとしても、たった一回でいいから大きな成功（得点）を収めれば、最終的に勝つことができる。圧倒的な〝大勝ち〟さえあれば、それまでのマイナスは全てチャラになるのだ。

たとえばドン・キホーテや海外で展開するＤＯＮ ＤＯＮ ＤＯＮＫＩという業態はきわめて数少ない、極論すれば万に一つか二つの確率で、例外的に生まれた大成功例だろう。しかしその二つだけでも、今の当社の国内外における大黒柱になっている。要するに、「小さなたくさんの失敗をしても、一つの大きな成功があればいい」のだ。

人は負けに敏感で、勝ちには鈍感

ところが実際、大勝ちを目指すのはなかなか難しい。人はえてして、「負け」には敏感だが、「勝ち」には意外なくらい鈍感だからである。行動経済学で言う「損失回避バイアス」というやつだ。人間は利得と損失を比較する際、損失の方をより重大だと感じやすく、損失を回避しようとする傾向がある。

例えば、商売で五十万円の損をしたとしよう。人は負けに敏感だから、意気消沈した後に悔しがり、死に物狂いでその負けを取り戻そうとする。ところが、百万円儲けられたはずなのに、五十万円しか儲けられなかった場合は、そこで「五十万円も儲け損なってしまった」と心底悔しがれる人は少ない。多くの人は、「五十万円儲かったんだから良しとしなければ」というレベルに留まってしまう。

これではダメだ。チャンスなのに〝ほどほど〟にこなし、「腹七分目」や「腹八分目」で満足してしまうのは、結果的に運を下げる要因となる。**得られる果実を完全に収穫できなかったことを、地団太踏んで悔しがれる人が、本当に強い勝負師として強運に恵まれる**のだ。

百万円儲かるチャンスが巡ってきたら、百万だけでは満足せず、「今の自分には少なくとも百万円勝てる運の流れが来ているのだから、さらに二百万円、三百万円と儲けることができるかも知れない。さあ、どうやって大きな勝ちを摑《つか》みに行こうか」と思える人、つまり勝ちに敏感かつ貪欲な人が、人生とビジネスでは大きな成功を収める。

最悪なのは、目の前にチャンス（幸運）がぶら下がっているのに、それを摑みにいこうとしないことだ。チャンスの時に機敏な対応をしない人は、ピンチの時に適確な対応をしない人よりも衰運を招くということは強調しておきたい。

緊急回避策としての「アナグマ戦法」

ここまでは幸運に対する作法を語ってきた。一方で、「どうも運に見放されつつあるようだ」と感じる不運の時期がやってきたら、どのように対処すればいいのか。

私の場合は、とにかく熊の冬眠よろしく穴倉に籠《こも》るようにして、ひたすらじっと動かずに不運が過ぎ去るのを待つ。この緊急回避策を私は「アナグマ戦法」と名付けていて、とりわけ個運に関しては徹底してアナグマ戦法を貫いている。

前述したように、運のいい時は思いっきりビットを張って勝負に行くべきである。しかし、明らかに運のない時、もしくはどちらか分からないような時は、じっと耐えて何もせず、ひたすら守りに徹するのが得策だ。このメリハリと使い分けが、私の人生とビジネスにおける最大の成功ノウハウになったと思っている。

やってはいけないのが、「不運の時の悪あがき」である。前述した住民反対運動でも、私が社内外で強気の姿勢を貫き続けたため、運動が他店にも飛び火して被害が拡大した。運気が悪くなっている時は、何をやっても十中八九無駄骨に終わり、さらなる劣勢を招いて不運の悪循環に陥ることになる。

また、不運を打開しようと全精力を集中すると、せっかく幸運が訪れた時に力を出し切れないケースも多い。そうこうしているうちに思ったより早く、また不運が巡ってきて、その対処に四苦八苦してしまう、という具合だ。

穴倉で虎視眈々と逆転の機会を狙う

「幸運の最大化」で十分な蓄えが出来ていれば、穴倉にずっと籠っている間も食糧に困ることはなく、わざわざ危険な狩りに出かける必要もない。

もちろん、穴倉籠りの間は、「待てば何とかなるだろう」などとのんびりと構えていてはならない。うたた寝するなど言語道断である。そうではなく、**穴の外で起きていることを、全神経を集中してじっと観察しながら、脳が擦り切れるくらい、考えに考え抜かなければならない**。〝春〟が巡ってきたらどのように行動するか、あらゆるシミュレーションをおこない、逆転の機会を虎視眈々と狙うのだ。

少なくとも私の場合、穴倉にいる時ほど大脳皮質が活発化している時はない。脳をフル回転させていると、次の幸運到来に対する感受性アンテナの感度が高まり、運の変わり目(好機)を絶対に見逃さないようになる。そうしているうちに「流れが来た！」と感じたら、間髪入れずに攻めに転ずるのだ。

穴倉から脱した時の勝率は、私の経験則上、ほぼ連戦連勝である。なぜなら穴倉の中で練りに練った作戦や戦略は、楽観的なシナリオから悲観的なシナリオまで、ありとあらゆる事態を想定したものだからだ。状況に応じて素早い変化対応が可能で、とにかく失敗することがないのだ。

こうやって幸運と不運の善循環パターンを繰り返していけば、人生でもビジネスでも、いつか圧倒的な大勝を手にすること請け合いである。

いい「見」をすると運がやってくる

「アナグマ戦法」にも似た概念で、「見《けん》を決める」というのがある。勝負事や相場の世界では、「見ができなければ一流じゃない」とか、「いい見をするといい運がやってくる」などとも言われる。要は「見」とは、「目の前で起きていることには参加せずに、状況や場の流れを注意深く観察する」ということである。

では、前述の「アナグマ戦法」と、「見を決める」は何がどう違うのか。前者が対象とするのは個人や個人の属する組織に関する出来事で、後者が対象とするのは個人や一民間企業の力ではどうにもならない社会や経済の変動など、と私は分類している。

社会や経済が激動している時こそ、「見を決める」姿勢を活用すべきである。すなわち泰然自若《たいぜんじじゃく》として構え、自ら下手な動きはせず、冷静沈着に情勢を観察・分析する。そうしていれば、運や勝機といったものは、向こうから自然に転がり込んでくることもある。サッカーで言えば、相手がオウンゴールを打ってくるようなものだ。

ドン・キホーテは一号店開業以来、一九九一年の大バブル崩壊、二〇〇〇年のＩＴバブル崩壊、二〇〇八年のリーマンショックによる世界金融バブルの崩壊と、三度のバブル崩壊を経験している。経済の激動と浮沈にもまれながらも、当社はこの間、一貫した増収増益による成長路線を歩むことができた。それを可能にした大きな要因の一つに、この「見」を決める姿勢がある。

私はバブル時代、財テクや土地転がしなどの「攻め」は一切やらなかった。ドンキ草創期、私の周囲には不動産取引で巨額のカネを儲けている連中が山ほどいた。一晩で一億、二億儲けたという話はザラ。一方の私は、商品一つ売って五十円、百円の積み上げをやっていて、彼らとは絶望的な落差があった。不動産取引の誘惑にかられたことは何度もあったが、「今から手を出したら、絶対にやられる」というのは直感的に分かっていた。若い頃に麻雀で養った勝負勘が、頭の中でアラートを鳴らしていたのだ。

案の定、バブルは弾けたが、当社は全くの無傷で済んだ。

それればかりか、思わぬ「ツキ」も転がりこんできた。バブル崩壊後に好立地の区画や店舗が売りに出され、それらを格安で手に入れることが出来た。同時に、企業のM&A等も積極的に仕掛けていった。人材も同様である。バブル崩壊後は、それまで取れなかったような優秀な人間を、ここぞとばかりに大量採用することができた。それらが結実して、現在のPPIHの発展における原動力になったことは確かだろう。

ともあれ、成功者と失敗者の分かれ目は、「アナグマ戦法」同様、この「見」を決めることができるかどうかにあると、私は思っている。

敢えて〝損切り〟することの重要性

一方、「見切り千両」という言葉がある。元々は相場の格言だが、マイナス局面で損を取り戻そうと突き進めば、かえって傷を大きくして、致命的な深手を負ってしまうということだ。撤退の決断は、千両の価値があるというのである。

たとえば、株式投資で買った株が下落してしまったとする。人間は損失の確定を本能的に嫌うから（損失回避バイアス）、大抵の人はズルズルと値下がり続けてもそのまま株を持ち続け、買い値まで戻るのをひたすら待とうとする。この状態を株の〝塩漬け〟という。

しかし、そうやって塩漬けした株の価値が、短期間で買い値まで戻るケースはほぼないと言っていい。その間、他の成長株が次々と現れても、投資する資金は塩漬け株で眠ったままだから、儲けるチャンスをみすみす逸してしまう。これが典型的な相場素人の行動パターンだ。

では、株で儲ける（少なくとも損をしない）にはどうすればいいのか。一定以上の損が出た段階で、例外なく株を売却することを、あらかじめ決めておくのである。これを「ストップロス」とか「ロスカットルール」などと言う。

そうやって敢えて〝損切り〟することで得た資金を、次の有望株に回していく。その株の価値が上がれば、まさに「見切り千両」だ。これができるかできないかが、株のプロと素人を分かつ最大のスキル差となる。

もちろんビジネスも同様だ。たとえば当社は二〇〇六年に東京都内で展開を始めたコンビニ新業態「情熱空間」を、二〇〇八年に五店舗すべてを撤収した。他のコンビニとの差別化から、惣菜の手作り感を重視し、調理加工のインストア処理にこだわった業態で、顧客からも人気を博したが、コストが合わず、また商品の統一感も出せず最後まで軌道に乗らなかった。要はセントラルキッチン方式という、コンビニと相性が良い経済合理性のあるオペレーションに打ち勝てなかったのである。

経営者によっては、ここで挽回しようとあれこれ方策を練ることもあるだろう。しかし当社には、同時期に大型案件の「長崎屋」という老舗総合スーパーを買収する動きもあり、これまでにはない大型店舗と生鮮食品のノウハウを手に入れられるチャンスが訪れていた。その結果、「情熱空間」を〝損切り〟し、「長崎屋」を買収。後述する新たな業態に資金と人材を投入したのだが、これが大いなる〝吉〟と出た。

今や訪日客のメッカとして世界に知られる「MEGAドン・キホーテ」渋谷本店

「長崎屋」の買収により、それまで当社が弱かった食品部門（とりわけ生鮮部門）のノウハウを獲得することに繋がり、〇八年六月には、後にドン・キホーテに次ぐ主力となる「MEGAドン・キホーテ」の一号店を開業。これは旧長崎屋四街道店をドンキ流総合ハードDS（ディスカウントストア）に業態転換したもので、その後の長崎屋リニューアルのモデル店となった。

成功ではなく失敗のシナリオを描け

話を戻そう。意欲的でチャレンジフルな人生を送る人ほど、当然ながらトライ（挑戦）が多くなる。トライの数に比例するように、エラー（失敗）の数も多くなるが、それはさほど大きな問題ではない。肝心なのは、失敗した時にいかに手仕舞《てじま》うかだ。

撤退の判断を下すためには、「どこまでいったら失敗と見なすのか」、失敗の定義をあらかじめ決めておくべきである。つまり、「何億円以上の赤字が出たら、潔くこの事業から撤退する」「ここまではやってみて、結果が出なければ諦める」という「ロスカットルール」の明確化だ。自分の中でこのルールがきちんと定まっていれば、失敗など全く恐れるに足らず。臆せずに次の挑戦に向かっていけばいい。

よく「成功のシナリオを描くことが重要」と言われるが、成功は結果論なのだから、そのシナリオを描いても全く意味がない。見切りの判断基準となる「失敗のシナリオ」を描くことこそが、成功へと繋がる必勝法なのだ。

見切り千両、再挑戦万両

ここまで述べてきたロスカットルール、失敗の定義やシナリオなどは全て、「再挑戦」のためにあるということを強調したい。

新たな業態開発は、十の挑戦、いや百の挑戦で一つか二つ当たればいいほうである。大切なのは、傷を大きくしないうちの見極めと見限りだ。早期撤退を断行するからこそ、次の挑戦が可能になる。当社の過去には、そんな業態開発の失敗例が、数えきれないほど転がっている。

再挑戦を繰り返すことが、運を引き寄せ、大輪の成功の花を咲かせる唯一の道である。見切りには千両の価値があるが、再挑戦には、その十倍となる万両の価値があるのだ。

真面目に間違える人たち

本章冒頭でもちらりと触れたように、私のような創業経営者はプロの登山家と同じで命がけである。とりわけ、ハイレベルなビジネスでの挑戦は、とびきり難易度の高い冬山に登山するようなものだ。実際、十回登ってそのうち一回か二回、頂上にたどり着ければいいほう、などという危険な冬山が世界にはいくらでもある。

冬山の登山においては、頂上を目前にして引き返すという、「勇気ある撤退」が求められることも多い。そうした判断ができない登山家は、遅かれ早かれ遭難の憂き目に遭うだろう。言うまでもなく、遭難して死んでしまっては再挑戦も叶わない。

もってのほかの自殺行為は、プロが判断して明らかに危険な吹雪の最中に山に登ることだ。不運にも天候に恵まれない時は、ベースキャンプやテントの中でひたすら耐え、待ち続ける忍耐力が不可欠である。この「穴籠り」が出来ない人は非常に多い。

ところで最近は、ビジネス界で「グリット」なる言葉がもてはやされているという。日本語では「やり抜く力」と定義されているようだが、要は根性と同義だ。根性と言うと古臭いし、精神論的なイメージが先行するので、こうした耳触りの良いカタカナ言葉に置き換えられたのだろう。

それはともかく、この「グリット＝根性」は使い方を間違えると、非常に不幸な結果を招いてしまう。

例えば、真面目で能力と才能にも恵まれているのに、なぜかビジネスでは上手くいかない人たちがいる。そんな人たちは私に言わせると、「見」や「損切り」といったものが全く出来ていないのだ。常に全力で「グリット路線」にひた走り、危険を知らせる微妙な変化に気づくことが出来ない。彼らは一生懸命であるあまり、自分の墓穴を掘ることにも一生懸命になってしまうのだ。

こうした傾向は若い起業家たちにも見られるが、彼らは真面目に努力をして結果を掴んできた経験があるからこそ、「穴籠り」ができず、そういう真面目な人たちに限って、真面目に間違えるのである。

また、根性論で思い出されるのは、先の大戦における日本軍の大失敗だ。多くの戦地で劣勢に追い込まれているにもかかわらず、日本軍のエリートたちは現実から目を背け、「鬼畜米英《きちくべいえい》」とか「一億総玉砕《いちおくそうぎょくさい》」などといった愚かなスローガンのもと、集団自決のような戦いぶりで国の運そのものを著しく貶《おとし》めた。

少なくとも、危険な吹雪の時に頑張るのは、ただの悪あがきだ。自身が劣勢に追い込まれている時は、**謙虚かつ客観的に動向と事態を見つめ、辛くとも不都合な真実を認めなければならない**。我慢してやり過ごすことこそが真の根性であると言えよう。

第二章のポイント

- □ 個々人に与えられる運に大差はない。その使い方によって人生の結果は大きく変わる。
- □ 幸運が巡ってきたら、その運を最大化することに全力を注げ。
- □ 逆に不運が巡ってきたら、ひたすら耐えて守りに徹すること。
- □ 思い切った「損切り」によって「再挑戦」は可能となる。

第三章　運の三大条件——「攻め」と「挑戦」と「楽観主義」

「打率と打点の交差主義比率」とは？

実は私は、**運の追求というのは、合理性の追求とほぼ同義**に捉えている。運と合理性は一見、相並ばないトレードオフのように見えるが、私の中では密接不可分である。

例えばビジネスなら、私は常にその時点で一番合理的で確率の高いことをやろうとする。この場合の確率とは、単なる勝率ではなく打率と打点の掛け合わせが最大値になることを意味する。ちなみに私はそれを、「打率と打点の交差主義比率」と呼んでいる。

「交差主義比率」というのは流通用語なので、読者の皆さんは聞きなれない言葉かもしれない。簡単に解説しておこう。「交差主義比率」は、在庫の商品がどれくらい利益を上げているのかを確認するための計算式であり、「在庫回転率×粗利益率」を計算し、この比率が高いほど、効率よく儲かっている商品だ。ということは、その商品に力を入れていくのが、もっとも合理的なビジネスの勝ちパターンだと言える。

私はこの計算式を野球に例えて、人生でもビジネスでも「打率と打点の交差主義比率」が最大値になるよう、常に意識して行動するようにしている。そうした**当たり前で合理的なことをブレずにやり続けることが、運を開く上での正攻法になる**からだ。

とりわけ、組織が大きくなることによって、個人の対象物としての運が集団化し、一つのベクトルに向けて自燃・自走状態になり、そうした時にこの確率の高いことをやり続けると、最も運の強い会社となって、向かうところ敵なしの連戦連勝状態になるわけだが、それに関しては第六章と七章で詳述しよう。

もっとも、そんな運を呼ぶ合理性を活かす上での前提条件がある。それが本章のタイトルになっている「攻め」と「挑戦」と「楽観主義」の姿勢であり、私はこれらを「運の三大条件」と呼んでいる。ここからは、それぞれの条件について順番に説明していこう。

リスクをとらないのが一番のリスク

いつの世もリスクをとらなければ、大きなリターンはあり得ない。これは誰もが認めるところだろう。安全圏内にいながら、成功の果実をもぎ取ることは難しい。では、リターンを期待しない代わりにリスクをとらなければ、継続的な安定や安寧が得られるのか。昔は上手くいったかもしれないが、今は決してそうはいかない。

不確実極まりない現代においては、リスクをとろうがとるまいが、思わぬ幸運や不運はそれなりにやってくる。たとえば、昔は手堅い就職先として銀行が人気を集めていたが、バブル崩壊後は大手銀行でも経営破綻が相次ぎ、業界に大きな再編の波が押し寄せている。

もちろん銀行に留まらず、わが国を代表するような他の大手企業においても、そうした例は枚挙に暇がない。

ここで何が言いたいかというと、お堅くて保守的な大手企業等に就職して小市民的な生活をひたすら大事に守り続けても、この不確実な世の中では思わぬことが次々と起こり得る。望まない就職先や生き方を選んで苦労するくらいなら、最初から素直に自分のやりたいことができる世界に飛び込んだほうが、人生ははるかに充実して楽しくなるのではないかということである。

自由闊達な社風で実力主義の企業に就職するとか、あるいは準備期間をおいて思い切って起業してみてもいい。自ら選んだ道でリスクを受け止めながら、その過程で切磋琢磨し続ける。そんな人間にこそ、運の女神は最大の微笑みを返してくれるのではないだろうか。

いずれにせよ、リスクを恐れて守りに入る人に、運がつかないのは自明の理だ。とりわけ今のような時代は、「リスクをとらないのが一番のリスク」である。

少なくとも私は、この言葉を座右の銘にして、若い頃から疾走するようにして生きてきた。何か重要な決断をする際は、ともすればリスクを避け、安易でもっともらしいところに落ち着こうとする自分の気持ちを、意識的に排除するよう努めてきたつもりだ。

そうして、常に最大の果実を収穫する方法を選択してきたのである。

ほぼ全員が反対した長崎屋の買収

リスクをとるといえば、前章でも少し触れた「長崎屋」の買収が象徴的な例だ。ドン・キホーテは二〇〇七年十月に長崎屋を買収したが、これに関しては、社内で多くの反対の声があがった。

長崎屋は二〇〇〇年に会社更生法を適用後、新たなスポンサーのもとで再建を目指していたが、斜陽と化していたＧＭＳ（総合スーパー）業態ということもあり、その経営不振ぶりは何ら改善されず、累積損失は百億円を超えていた（ちなみに、二〇〇七年当時の当社の営業利益は約百三十五億円）。そんな巨額損失を丸々抱えての買収には、銀行や証券アナリストたちはもちろん、当社役員・幹部もほぼ全員が反対だった。身の丈に合わないリスクをとるべきではないというわけである。

しかし、私は反対を押し切った。長崎屋の買収によって、五十店舗以上の好立地物件を手に入れられる上、買収後に上げた利益が累積損失分の金額を超えるまでは、収益を上げても課税対象外となり、逆にこれが大きな経営資源になると確信していたからだ。実際、当社はこの買収を経て、長崎屋を業態転換した「MEGAドン・キホーテ」という、ドン・キホーテと並ぶ現在の主力業態を確立することができた。リスクをとって、最大の果実を手にしたのである。

長崎屋はほんの一例に過ぎないが、当社ではこうしたM&Aを繰り返しながら、同時に様々な経験やノウハウを積み上げてきた。想定外の事態が発生しても、余裕を持って対処可能な域に達することができたのも、果敢なM&Aから得られた産物だった。

リスクをとらずに逸した果実のことを、後から「逃した魚は大きい」などと言って悔やむ人がいるが、**一見もっともらしい、安易で陳腐な手法に逃げ込んでしまった自分自身の姿勢をこそ戒めるべき**なのである。

ただ、頭がよくて優秀な人ほど、リスクをとるのは難しいようだ。

これは余談だが、とあるキャリア官僚の方と会食した時のことである。私が話の中でふと、「あなたほどの能力と知力があるのなら、リスクをとって（役所とは）違うところで活躍すれば、大成功したのではないですか」と水を向けたところ、「なんで私が、そんなリスクをとらなきゃならないんですか」と、怪訝《けげん》な顔で返された。

さらにその顔にはこう書いてあったのだ。

「私は学生時代からそれなりの努力をして、いい学歴を手に入れて役所に入り、なるべくリスクのない人生を歩もうとしてきた。なのに、なぜ？」と。

私は、「なるほど、こう来るのか」と思いながらも、畳みかけるように、「リスクをとったって死ぬわけじゃないし、実力があるのなら起業でもした方が楽しかったのでは？　あなたは今のポジションに本当に満足されているのですか？」と聞いたら、さすがに嫌そうな顔をしていた。余計なお世話だったようである。

「堅守速攻」ではなく「速攻堅守」

リスクをとるためには、攻めの姿勢を保ち続けることが重要だ。

ビジネスでは強気に攻め続けてきたため、私は世間から「万年攻撃型」の経営者と見られがちだが、実際には攻撃よりも守備の比率の方が高い。その時々の運気とか市場・経済環境等にもよるが、基本的に「守備七割／攻撃三割」といった配分を自らの黄金比として設定しているのだ。

ただ、守備に七割という大きな割合を設定しているものの、重きを置いているのはあくまで攻撃である。攻撃は多大なエネルギーを必要とし、また一点突破に向けた集中力が不可欠になる。「守備七割」はそうした状態を担保するためにこそあるのだ。

何よりもまず**「攻め」の姿勢を大事にしなければ、決して良い運はやって来ない。**「堅《けん》守速攻《しゅそっこう》（防御と同時に攻撃に移ること）」という言葉があるが、私の場合は順番が逆で「速攻堅守」型だ。頭の中のイメージをお伝えすると、速攻を最優先しながらも、攻め以上の守備をその都度おこなっていくという感じだ。

とある格闘技のチャンピオンに、こんな話を聞いたことがある。カウンターパンチというのは、守りに重点を置きながら相手のパンチを誘い出し、それをかわしながら自分のパンチを当てにいくものだと言われているが、実際はそうではない。むしろこちらから先に攻撃をしかけて、相手をどんどん攻め立てるのが大前提なのだと。そうして向こうが苦し紛れに打ってきたパンチに合わせるからこそ、一撃必殺のカウンターパンチとして生きるそうだ。

リスクを恐れて守りばかりに回っては、ゲームに勝つことは絶対に出来ない。攻撃が前提でなければ守備も生きてこないという私の持論を裏づけてくれるような話を、件《くだん》のチャンピオンから実際に聞き、「わが意を得たり」と膝を打ったものである。

果敢に挑戦する者に〝盛運〟が訪れる

当たり前のことだが、運は天から降って来ない。自ら果敢に挑戦する者にだけ〝盛運〟が訪れる。失敗することや傷つくことを恐れて、何にも挑戦しない日々を過ごしていたら、いつまでたっても成功者にはなれないのだ。

当社ＰＰＩＨには、私が自らしたためた『源流』という絶対的な企業理念集があるが（巻末付録参照）、その中に次のような一文がある。

〈当社がファイターでなくなれば、チャレンジャーを降りれば、当社の価値と存在理由は雲散霧消する〉

常に挑戦者であることが、当社のＤＮＡでありアイデンティティである。

第二章で振り返ったように、二〇〇〇年以降のドン・キホーテは様々な業態への挑戦を開始。情熱空間のオープン、長崎屋のＭ＆Ａなど試行錯誤を続けていった。

長崎屋のＭ＆Ａが成功に終わっても、挑戦の姿勢は崩さなかった。二〇〇六年には海外進出を開始し、二〇一七年からはアジア諸国への出店を本格スタート。シンガポールに「ＤＯＮ　ＤＯＮ　ＤＯＮＫＩ」一号店をオープンさせた。「ＤＯＮ　ＤＯＮ　ＤＯＮＫＩ」のコンセプトは「ジャパンブランド・スペシャリティストア」で、日本のドンキとは全く異なり、日本産品及び日本企画の商品しか扱っていない。特にシンガポールでは、食品の売上割合が九割で、日本産の野菜や果物、たこ焼きなどの惣菜がずらりと並んでいる。

この業態も試行錯誤の末に生まれた大成功例だ。現在はアジアの六つの国と地域に計四十五店舗（二四年四月末時点）を展開し、当社の収益における大きな柱となっている。

まずは「断行」し、その上で「熟慮」する

ただし、注意すべきは、闇雲に挑戦を続けるだけでは、運は巡ってこないということだ。

前述の『源流』において、経営理念第五条ではこう記されている。


〈果敢な挑戦の手を緩めず、かつ現実を直視した速やかな撤退を恐れない〉


この条文が示すように、「果敢な挑戦」と「迅速な撤退」は、常にセットであるべきだ。

前述の「見切り千両」でも触れたように、二〇〇六年、当社は中食市場に参入しようと、コンビニ新業態である「情熱空間」をオープンさせた。ところが、事業がなかなか軌道に乗らなかったため、翌年に潔く撤退を決意。その迅速な撤退が結果的に、買収した長崎屋の成功へとつながった。撤退と挑戦の繰り返しが、運を引き寄せるのだ。

また、何度も強調するが、一番だめなのは、失敗することを恐れて何にも挑戦しないこ

シンガポールの「DON DON DONKI」、店内の様子

とだ。

「熟慮断行《じゅくりょだんこう》」という言葉をご存じだろうか。十分に考えた上で思い切って実行するという意味だが、注意したいのは、「熟慮」だけして「断行」しないケースが往々にしてあるということだ。「石橋を叩いて渡らない」と同義に捉えてもらってもいい。

私は「熟慮断行」についても順番を逆にし、「断行熟慮」を心掛けるようにしている。まずは思い切って実行してみて、その上で十分に考えるのである。

この断行は、「挑戦」と言い換えることが出来よう。まずは挑戦してみないと、何も始まらないし、自らが学びとれるものは何もない。

例えば、登山家が難攻不落の山に挑戦するとして、登山前には最悪の事態を想定し、シミュレーションをおこなうだろう。そこで恐怖にびびって登山をやめてしまっては、想定は机上の空論で終わってしまうし、登頂も達成できない。まずは実際に山に登ってみて、自分が立てた想定を現場で歩きながら検証しつつ、最悪の事態を回避しようと試行錯誤し続けることでしか、道は開かれないのだ。

仮に挑戦が失敗しても、その過程で学んだことは決して無駄にはならない。挑戦した手応えと、失敗した悔しさを嚙みしめ、新たな方向や方法を模索することに繫がれば、それでもう十分だ。第二章で触れた「再挑戦万両」である。

得た教訓を糧にすれば、次の挑戦や熟考もレベルがどんどん上がっていく善循環が生まれ、結果として〝盛運〟を引き寄せることになるのだ。

「生涯起業家」からのアドバイス

ところで私の本質、というかその根っこは、経営者というよりも起業家だ。しかも、幾つになってもそれをやめられない「生涯起業家」である。

前述したように、人生も仕事も、挑戦する方がしないよりもはるかに面白くて楽しい。

生涯起業家の私が、自信を持ってそれを保証しよう。逆に挑戦をせずに、「ま、いいか」などと回避していると、一見楽そうだが、実はつまらなくて結構辛いものである。

何よりも、挑戦は人を育てる。実際、挑戦を積み重ねる人と、そうでない人とでは、ものの数年で、露骨なくらいの実力差となって表れる。私はこれまでの経営人生で、そんな実例を何百回となく見てきた。逆に言えば、だからこそ挑戦はやめられない。そうしたエンドレスチャレンジの姿勢が、生涯起業家最大の資質であり、また誇るべき財産だと私は密かに自負している。

ベンチャー経営ならぬアドベンチャー経営

私は心底、挑戦が好きなのだと思う。**挑戦して悪戦苦闘しながら、自分が立てた仮説を検証することが、飯を食うよりも好きなのである。**私はこれを勝手に、ベンチャー経営ならぬ「アドベンチャー経営」と呼んでいる。

ベンチャーもアドベンチャーも、ともに「冒険」を意味するが、前者が主にビジネスで使われる用語であるのに対して、後者は純粋な冒険を指している。

少年の頃から私は、冒険ものや探検ものの文学作品が大好きだった。フランスの小説家

パラオの海に潜って魚採りにいそしむ筆者

であるジュール・ヴェルヌの『八十日間世界一周』『十五少年漂流記』『地底旅行』『月世界旅行』や、ヨーロッパで初めてアフリカ大陸を横断したリヴィングストンの伝記などを読み漁《あさ》り、世界地図を眺めては血沸き肉躍るような冒険や探検を夢見ていた。だから当時の夢は、世界を駆け巡る「探検隊の隊長」であった。

私の中での経営は、冒険や探検と同じようなものである。チョモランマやマッターホルンの制覇を目指す登山家のように、経営に向き合っているとイメージしていただきたい。新しい業態を創造することは、人《じん》跡《せき》未踏の地に行って、自ら地図を書いていくような作業である。難所もアクシデントも悪天候も、ゲームのように楽しめる。こう考えたほうが、経営は断然面白くなる。

仕事のみならず、遊びでも、私は徹底してアドベンチャーを貫いている。私の唯一の趣味は、南の島でダイビングをしながら熱帯魚を生け捕りにすることだ（念のため、もちろん各国管轄当局の正式許可を得た合法的なものである）。そもそもこんなホビーカテゴリーは、この世に存在しない。ダイビングを楽しむ人は大勢いるが、同時に熱帯魚を生け捕りにしているなんて、私一人しかいないだろう。

ちなみにドンキの店前にあるアクアリウム水槽の熱帯魚は、「ドンキの会長が自らとってきたもの」とされ、ＳＮＳなどで都市伝説のようになっているらしいが、それは都市伝説でも何でもなく正真正銘の事実である。今でもスキューバで海に潜って魚採取活動をすることが、私の最大のライフホビーだ。

いずれにせよ、そうしたワクワク・ドキドキするアドベンチャー経営こそ私の信条であり、ひいては前出の『源流』精神そのものなのである。

楽観論者が常に成功するエビデンス

運の三大条件に話を戻そう。第一章でも触れたように、運の女神は常に楽観論者に微笑むものだ。繰り返すが、運の三大条件は、これまで本章で言及してきた「攻め」と「挑戦」に加えて、「楽観主義」ということになる。

それに対して、読者からこんな疑問の声が聞こえてきそうである。「攻めと挑戦が運を呼ぶ条件というのは、感覚的にもこれまでの説明からもよく分かるが、楽観主義もその一つというのはどうも理解しづらい。実際に楽観論者が圧倒的に成功しているというようなエビデンスやデータなどはあるのか？」と。

それに対する私の答えは、「ありすぎて、何から開示すればいいか迷ってしまう」というものだ。たとえば株式市場を見てみよう。短期の凹凸こそあれ、世界の株式時価総額はこの数十年間、一貫して右肩上がりの上昇を続けている。すなわち、長期的かつ楽観的な投資姿勢を貫いてきた人は、ほぼ一〇〇％の確率で大資産家になった。その代表として、世界的投資家のウォーレン・バフェット氏などが挙げられよう。

あるいは、「合理的楽観主義者」として知られる、英オックスフォード大学名誉フェローのマット・リドレー氏は、世界的なベストセラーとなった著書『繁栄』の中で次のように述べている（以下、筆者抜粋・要約）。

「もう何十年も前から、『人口爆発で食糧と資源が枯渇する』『これ以上、生活水準は上がらない』『格差と貧困の拡大で社会が荒廃する』などの悲観論が、世界で声高に叫ばれた。ところが現実にはどうか。そのいずれもが外れ、（今までほとんど誰も主張しなかった）楽観シナリオだけが唯一の正解だったことを、歴史は証明している。

たとえば一八〇〇年以来、世界の人口は六倍になったが、平均寿命は二倍以上に延び、実質所得は九倍以上になった。この半世紀だけを見ても、一人当たりの所得が減った国は世界でわずか六カ国に過ぎず、平均寿命が縮んだ国は三カ国（ロシア、スワジランド、ジンバブエ）しかない。乳児生存率が下がった国は皆無だ。一見、増えていそうな凶悪犯罪も、実際には世界で激減している。

もちろん、生活レベルも格段に向上した。少なくとも世界の中進国以上の一般庶民は、昔の王侯貴族や大金持ちのそれをはるかに凌ぐような、豊かで贅沢かつ便利なライフスタイルを謳歌している」

いかがだろうか。明快かつ十二分に説得力のあるエビデンスと、洞察力あふれる論理を駆使しながら、人類の悲観的シナリオをことごとく反証してみせ、現代こそが人類史上最高の時代だと説いているのである。楽観論者であることが勝利と成功への近道であると言えよう。

第三章のポイント

- □リスクをとらないのが一番のリスク。
- □速攻を堅持しながらも、それ以上の守備をおこなうこと。
- □まずは果敢に挑戦し、その上で熟慮する。仮にその挑戦が失敗しても、次の挑戦への教訓となる。
- □「楽観論者」であることが勝利と成功への近道である。

コラム①　たった一人の革命

本章で触れたような、私の飽くなきチャレンジ精神は、一体どのようにして形成されたのだろうか。それを探るべく、私自身の「源流」を回顧する旅に出てみよう。

と言えばカッコよく聞こえるが、若い頃の私は何も成し得ず、ただただもがき苦しんでいるだけ。とにかく冴えない、ウダツの上がらない男だった。

自らの黒歴史はあまり思い出したくないし、まして本書のような場で語るのにはかなり抵抗がある。一方で、そんな私の原体験が、現在のチャレンジ精神とファイティングスピリッツを醸成したのも厳然たる事実だ。だから敢えて恥を忍んで、当時の私の姿を公開することにしよう。

体制派が一転して反体制派の代表に？

一九四九年生まれの私は、わが国の最大人口層である「団塊の世代」に属する。

もう半世紀以上も前のことだから、若い読者の皆さんはご存じないだろうが、われわれ団塊の世代は「全共闘世代」とも呼ばれ、いわゆる学生運動真っ盛りの時代に大学生活を送っている。

今から考えると信じられないようなことだが、当時の学生の多くは、まるで熱病に取り憑かれたように、反体制（社会主義や共産主義）による「革命」と、それによる理想社会の実現を唱えていた。少なからぬ人たちが、大規模なデモに参加し、過激な学生運動に身を投じていたのである。

一方、私はそうしたことに全く興味と関心がなかった。自分がいくら頑張ったところで、国家なんてどうにもならないから、そんな〝お花畑〟のような革命思想に同調できるわけがない。そういう意味では、私は当時から徹底した現実主義者であり、学生の中では数少ない体制派と見られていた。

その代わりというわけではないが、私はこう決意した。

「社会とか国家ではなく、自分自身の革命を起こしてやろう」

会社の経営者になって、自分ができる範囲での革命を社会に起こそうと考えたのである。こうして私の「たった一人の革命」が始まった。

もっとも、反体制革命を支持していた圧倒的多数の学生たちは、就職の時期になるとあっさり「転向」した。当時流行っていた長髪をバッサリと切って七三に分け、白いワイシャツとスーツに身をくるみ、体制派の権化のような大企業の就職面接に出向いていったのだ。そんな同級生の姿を見て、心底驚いた、というより呆れた。

その後、彼らは「猛烈サラリーマン」と称され、学生時代の信条とはまさに真逆の、彼らが最も軽蔑していた「プチブル（プチブルジョワジー＝小市民）」になるべく、まっしぐらに進んで行ったのである。

それにしても、あそこまで手のひらを返したように見事に豹変した世代は、いまだかつてないのではなかろうか。変化対応と言えば聞こえはいいが、私に言わせればあまりにも軽い、節操なき「宗旨替え」だ。

ともあれ、就職活動を境として、私は一転して反体制派の代表のような、孤独な存在となった。皆から「置いてけぼり」を食らったようなものである。

身もだえするような寂寥感と孤独感

約六年間のプータロー生活中も、私は「たった一人の革命」を夢見ながら、ひたすら孤高を貫いた。孤高と言えばカッコいいのだが、現実は決してそんなもんじゃない。表向きは強がる一方で、「俺はこのまま何も成し遂げず、誰にも知られずに朽ち果てていくのか」という、身もだえするような寂寥感《せきりょうかん》と孤独感にさいなまれ続けた。「あまり思い出したくない」と前述したのは、まさにこの頃の心象風景である。私の生涯であれほど辛く寂しく荒んだ思いをしたことはない。あの自家中毒的な寂寥感に比べれば、その後の苦労なんてなんともなかった。

ところでその頃、「転向組」の同級生にたまたま出会ったのだが、こんなことを言われた。「安田は一体、何をやっているんだ。もう少し世間を知って目を覚ませよ。そろそろまともな職について、真面目に働いたらどうだ」と。

彼なりの親切心で言ってくれたのだろうが、ついこの間まで声高にプロレタリア革命を叫び、ラジカルな活動をしていた男に、よもやそんなことを言われるとは夢にも思わず、私は開いた口が塞がらなかった。

その出来事をきっかけとして、私は自分の人生を見つめ直し、煩悶《はんもん》しながらも「なにくそ」と開き直っていった。果敢な挑戦をし続ける覚悟と自信がついたような気がする。

ともあれ、五十年前の自分に出会うことができたら、まずは優しく頭を撫で、無言で強く抱きしめてやりたい。「お前は本当によくやった、本当によく耐えた」と。

あの六年間で味わった寂寥感と孤独感は、その後の私の人生の支え、また防波堤になり、何よりも根源的な活力の素《もと》になったのである。

取り柄のない人間だからこその強み

自分のこれまでの生き様と経営人生を振り返ってみると、「よくもご無事で」と、思わず声をかけてやりたくなる。挑戦したが逆に追い込まれ、気がつけば土俵際ギリギリなんていう経験は、数え切れないくらいある。土俵際で考えに考え抜いて、窮余《きゅうよ》の策も含めて様々な方策を繰り出すのだが、結局、当初は考えもしなかったようなやり方で切り抜けたというケースが多い。

私独自の表現をするなら、あたかもタイトロープからタイトロープへと飛び移るような奇跡の芸当で、なんとか地獄へ落ちずにピンチを凌ぎ、逆にそれをチャンスに変えるという奇跡の二乗のようなことを繰り返してきた。なぜこのような芸当が出来たのか。

自慢するわけではないが、私は奇想天外なことも含めて、普通の人がなかなか思いつかないことを思いつく力に長けているようだ。さらに、考えたことを恐れずに即やってのける行動力が備わっていると思う。

だが、根本的なところを突き詰めて考えると、私に何の取り柄もなかったということが大きい。これは謙遜でも自虐でもない。本心だ。仮に私が、色んな取り柄や特技があって他の道でいくらでも食っていけるような人間、あるいは女性によくモテるタイプだったら、そこまで死に物狂いでやらなかったと思う。

何度も危ない橋を渡りながらも、必死で頑張ることができたのは、何も持たざる者だったからだ。だからこそ、常に意地と生死をかけ、挑戦せざるを得なかったし、頑張らざるを得なかったのだ。

ちなみに、もう頑張らなくてもよい現在も、未だに挑戦を繰り返している。「たった一人の革命」はまだまだ続きそうだ。

第四章　何が運を落とすのか

戦わなければ運は落ちる

第三章では、運を味方につける三大条件である、「攻め」と「挑戦」と「楽観主義」について論じた。本章ではその逆で、「何が運を落とすのか」について、これも私の体験論的な観点から、率直な言及をしてみたい。

前章の結論を逆説的に解釈すれば、「戦わなければ運は落ちる」ということになる。とりわけ私たちPPIHが属する流通小売業においては、その要素が色濃い。なぜならわが国の全体消費市場は、構造的にゼロサムだからだ（今後はさらにマイナスサムとなろう）。そうした中でパイを確保するためには、思い切り戦闘モードを高め、ブルファイター（前のめりに打ち合うボクサーの姿を雄牛に例えた用語）になって戦う必要がある。

ちなみに私は、こうした姿勢が強く求められるのは流通小売業界だけでなく、遠からず全産業へと敷衍《ふえん》されていくのは確実だと思っている。

それはともかく、結局、われわれは流通戦争という舞台において、全国に散らばる各店（国内六百二十店舗、二四年四月末時点）が白兵戦（白刃で戦う兵士・歩兵による近接戦闘）を日夜繰り広げているのだ。すなわち、その地域の顧客を、他店より一人でも多く獲得せんとする真剣勝負である。

もちろん、兵を率いる将（リーダー）が勇敢でなければ、それに従う現場の兵は戦うことができない。少なくとも現場の兵士は、すぐにそれを見抜く。自分の命がかかっているから当然と言えば当然だ。逆に将が勇猛果敢であれば、「勇将のもとに弱兵なし（上に立つ者が優れていれば、その下につく者も優れているという意）」で、向かうところ敵なしの強力な部隊（チーム）ができ上がるだろう。

もっとも戦争と言ったって、流通戦争で実際に戦死するわけでも、回復不能のケガを負うわけでもないのだから、現実のリスクなんて何もない。要はお客様の人気と支持を得るための切磋琢磨であり、結果としてこれは、世の中をハッピーにする社会貢献としての戦いでもある。いずれにせよ、戦わないこと自体が、運を落とす最大のリスクになるということだ。

戦略や戦術を語る前に、まずは戦闘モードを全開にせよ

私はこれまで、「戦略や戦術を語る前に、まずは戦闘モードを全開にせよ」と、口を酸っぱくして現場に、戦う姿勢の重要性を唱えてきた（いまだに唱え続けている）。

私が嫌いなのは、戦略や戦術をごちゃごちゃ言うわりに、実際には戦闘をしないタイプの人間である。こういう輩《やから》が社内で幅をきかせるようになるのを、私は何よりも恐れている。そうなれば個運はもちろん、第六章以降で詳述する「集団運」を一気に落としかねないからだ。

戦闘モードを全開せずに運を落とした、「他山の石」とすべき事例はいくらでもある。

例えば、日本の家電メーカーや半導体メーカーだ。かつて日本の家電製品は、安さと品質の良さで世界市場を席捲した。また一九八〇年代後半、日本の半導体は世界シェア一位の座にあった。ところが、今やどちらも往時の勢いは見る影もない。この数十年で中韓台（中国・韓国・台湾）の新興メーカーにあっさりと追い抜かれ、完全に逆転されたのは、皆さんもよくご存じの通りである。

その凋落の要因は色々と指摘されるだろうが、最大の要因は、日本のメーカーが「世界一流」の座に安住して、「戦わないサラリーマン集団」に落ちぶれてしまったことにあるのではないか。繰り返すが、戦う姿勢を堅持しなければ運は落ちる。日本の家電・半導体メーカーは、中韓台メーカーの旺盛なファイティングスピリッツの前に、あえなく惨敗を喫したわけである。

守り優先のサラリーマン社長が日本の企業をダメにした

もちろん、中韓台メーカーで働く人たちに比べ、日本のメーカーの従業員たちの能力が劣っていたわけでも、ヤル気がなかったわけでも、慢心していたわけでも決してないだろう。これはひとえに、トップの経営気質と姿勢の問題だ。先ほども述べたように、将が勇敢でなければ、強力な部隊をつくることは出来ない。

では、日本と中韓台の経営では、どのような違いがあったのか。端的に言えば、トップに立つのが守り最優先のサラリーマン社長なのか、攻め重視の創業経営者なのかということだ。

現代の日本の大企業では、前者のタイプのサラリーマン社長が大半ではないだろうか。彼らは組織の中で業務をそつなくこなし、大きなミスをすることもなく、順調に出世の階段をのぼってきた。そうして社長の座についた時、彼らが真っ先に考えるのは、自らの任期中は余計なことをせず、平穏無事に乗り切ろうということではないだろうか。すなわち「守る」経営だ。

一方の中韓台の会社には、一代でのし上がった創業経営者がいまだ健在である。そうした会社では、経営にオーナーシップが生きているので、中長期的視点から逆照射し、今やるべきことを考える。会社の未来を思えばこそ、現状維持には留まらず、果敢に「攻める」経営を行うのだ。

　オーナーシップの希薄なサラリーマン社長と、自らの命を賭けた創業経営者とでは、会社経営の論理と戦略が根本的に異なっている。いずれにせよ中韓台メーカーの多くは、このオーナーシップ経営が機能していたから、ここまでの大きな成長を遂げることが出来たのだろう。

　ちなみにオーナーシップファンド（創業家経営による企業を集めたファンド）は、他の一般的な投資ファンド等に比べて、明らかにパフォーマンスが高いとされている。こうした事実も、オーナーシップの強さを裏づけるエビデンスとして挙げられよう。

　もっとも私は、サラリーマン社長そのものを否定しているわけではない。あくまで守り優先の保守的気質を問題にしているだけだ。オーナー経営が永遠に続くわけがないのだから、オーナーシップをきちんと継承し、未来を見据えた攻めの経営ができる経営者であれば、サラリーマン出身でも全然構わない。実際に、まだ少数派ではあるが、わが国にもそうした経営者はちゃんと存在している。

恵まれない幸せと一％の悲劇

私は二十九歳の時、小さな十八坪の雑貨店「泥棒市場」を開いた。当時の私は何の特技も取り柄も伝手《つて》もない、文字通りの徒手空拳《としゅくうけん》だった。それまで貯めていたありったけのカネを突っ込んで、いわば背水の陣で、素人商法のディスカウント店を始めたわけである。

思えばあの頃の私は、「とにかく金儲けをして、のし上がって偉くなるんだ」という一心のみで、何一つとして恵まれているものはなかった。しかし今から考えれば、そこには「恵まれない幸せ」というものが確実にあったように思う。

何も恵まれていなかったからこそ、逆に何の制約もなく自由自在に、前章で詳述した運の三大条件――「攻め」と「挑戦」と「楽観主義」を思い切り追求して実践し、結果としてその果実を、あり余るくらい享受することができた。

具体的に言えば、とにかく独自の個性を光らせて、埋没することのない目立つ店にすることに全力を注げた。間違いなくこれが、私のビジネス運を切り開いた第一歩である。

それに対して、下手に恵まれているとこうはいかない。中でも私がよく引き合いに出すのは、「一％の悲劇」というやつである。

どういうことかというと、たとえば家が裕福だったり、学校の勉強がよくできたり、野球やサッカーといったスポーツに秀でるなど、上位一％くらいに入る人たちは、逆にその栄光に引きずられて、幸運を摑めない。さらには運を落とすケースがままある。これを私は、「一％の悲劇」と称しているのだ。

恵まれているがゆえに、往々にして彼らは守勢、すなわち自らのプライドを守るためにチャレンジャーになるのを避けがちになる。だから運がやって来ない。第三章で触れたキャリア官僚は、リスクをとることに後ろ向きだったが、この「一％の悲劇」の典型例ではないかと私は思っている。

もっともその恵まれ方は、決して突き抜けたものではない。たとえば中学や高校で、たかが上位一％の学校秀才など、社会に出れば凡人もいいところだ。実際にそこそこの大企業や官公庁なら、そうした社員・職員が、それこそ掃いて捨てるほどいるだろう。

しかし彼らが、**かつての上位一％にこだわり、そのプライドを後生大事にして守りに入っている限り、運の女神は決して微笑んではくれない。**前述したように、実際にこの種のサラリーマン集団が、近年の日本経済を決定的にダメにしてきたA級戦犯ではなかったかとさえ、私には思えるのである。

「口をきくだけで損をする」という輩もいる

さて、運を落とす大きな要因として留意すべきが「人間関係」だ。運の良し悪しはほとんどが「人間対人間」の問題に帰結するからである。すなわち他人との関係によって、自らの運を良くすることもできれば、逆に落とすことにも繋がろう。

ただ、人を見極めることは事実上困難である。しかし、自分の運を著しく落とすような人は、それなりに見分けることができる。ここからは、「こういう人だけは避けた方がいい」という実例を、いくつか挙げておきたい。

まずは最も分かりやすい例だ。「口をきくだけでも損をする」という〝落運必定〟のような輩たちのことである。

お恥ずかしい話だが、約六年にわたるプータロー生活を送っていた二十代の頃の私は、「一流大学を出ているのだから、ちゃんとサラリーマンをやればいいのに」と周りに散々言われながらも、いつも尖って突っ張っていた。麻雀で糊口をしのぎながら、「いつか一発当ててやろう」と破天荒なことばかりしていたのである。

と言えばカッコいいのかもしれないが、要は一人でイキがり、自《じ》家撞着《かどうちゃく》的に酔っぱらっていたようなものである。

そういう人間は必然的に、周囲から「危ない」「近づかない方がいい」と思われる。次第に、まともな人間はほとんど相手にしてくれず、いきおい私の周囲にいたのは、いかにも怪しげな連中ばかりだった。

今だから明かすが、具体的には、世間の裏街道まっしぐらのような人物、詐欺師、ないしは結果的に詐欺や悪事に加担するような輩、借金の末に保証人に被害を与える奴など、きわめて有害な人間が、うようよといた。

もちろん、私がこういう連中と直接付き合ったわけではないが、雑談くらいはする。しかし、たったそれだけでも、決定的に運を落とす要因となるのだ。実際に私はそれで何度も痛い目に遭い、「こんな輩とは一切の関わりを持たないに限る」という当り前のことを、身をもって学んだ。

他罰的な人は避けた方がいい

「口をきくだけで損をする輩」は論外として、ぱっと見は普通の人でも、よくよく話してみると運を落とすタイプだった、というのがある。それが、「他罰的」な傾向を持つ人たちである。

他罰的な人とは、自分が置かれている境遇について、自分自身で問題を解決しようとせず、「世の中が悪い」、「会社が悪い」、「周囲の人間が悪い」と、他人を攻撃したり罰したりして納得しようとするタイプである。こういう輩は、非常に寂しがり屋で、構われたがりやである。あなたのところにもにじり寄ってくるだろう。

しかも、彼らはたいてい、柔和な笑顔を浮かべ、紳士的な仮面を被《かぶ》って近づいてくる。そのため、邪険に遠ざけるのは難しいかもしれないが、極力接点を持たないように努力するべきである。この**他罰的思考は、やがてあなたにも降りかかり、結果として要らぬ不運を招くことになる**からだ。

他罰的な人の何が問題かというと、「主語の転換」が出来ないことである。この「主語の転換」については第五章で詳しく説明することになるが、運を良くするために必須の能力となる。簡単に説明すると、「相手の立場になって考え、行動する」ということだ。「なんだ、そんなことか」と思われるかもしれないが、仕事やビジネスでこれを実践するのはなかなか難しく、誰もが壁にぶつかることになる。

一般的な人たちでさえこうなのだから、他罰的な人たちに「主語の転換」ができるはずもない。彼らはそもそも、世界が自分を中心に回っていると考えており、自己を客観視する能力に乏しい。まして他者の気持ちを推し量るなんて、不可能に近い芸当なのだ。

組織の中で他罰的な人が増え、主流派にでもなろうものなら、間違いなくその組織の運は落ちていく。所属している個々の能力がどれだけ優れていようと、全体としての成長は見込めない。それどころか、衰退につながっていく。これも私の実体験から断言できることだ。

自分を過大に見せようとする疫病神

もう一つ、私がはなから信用しない人間として、自分を実際以上に大きく見せようとするタイプを挙げておこう。

例えば、自分の身の周りを分不相応に高価な物で飾ったり、実際よりお金を持っているかのように振る舞ったり、あるいは、話をやたらに盛るとか、さらには芸能人や政治家など有名人との付き合いがあるなど、とにかく自分を過大に見せようとする。

この種の輩は、ほぼ間違いなく疫病神だと思っていい。そうした人間は他人を利用して踏み台にしようとするので、何も考えずに付き合っていると、自分が被害に遭う可能性がある。彼らには極力近づかないようにするか、近づかざるを得ない場合も、一定の距離を保つべきである。

結局、人は人のことなど分からない

このように、あなたの運を落とす人間は山ほどいる。彼らは一般的に非常に愛想が良くて、ニコニコ顔で上手に距離を縮めてくる。それが、ある時点から突然、落運の閻魔《えんま》に豹変するわけだ。

こうした人間を避けるためにも、自分の周りの人がどんな人物なのかを見抜き、見極める能力が非常に重要となる。ところが、これがなかなか難しい。

私はこれまでの人生の中で、公私両面にわたって数限りない種類の人たちと出会い、ありとあらゆる人間関係を経験してきた。少なくとも人付き合いの数とバリエーションの多さについて、決して人後に落ちないだろう。私もこの経験を自信にして、三十〜四十代の頃までは、「これだけ多くの人との出会いや付き合い、別れを繰り返していれば、将来は相当な確率で、瞬時に人を見抜く力が身につくだろう」と思っていた。

しかしそれは自惚《うぬぼ》れた幻想に過ぎないことを、後年はっきりと思い知らされるようになる。確かに、色んな経験を重ね、時に煮え湯を飲まされることもあれば、多少は人を見る精度は上がるものだ。しかし、しょせんはその域を出るものではなく、一方で期待外れや買い被《かぶ》りなど、見事に読みを外すケースも一向に減ることがなかった。

「結局、人は人のことなど分からない」

これが私の辿り着いた結論である。

考えてみれば、あの神の子たるイエス・キリストですら、わずか十二人しかいない弟子の中の一人に裏切られ、磔《はりつけ》に処せられたのだ。ましてて凡人であるわれわれが、そう簡単に人のことなど見抜けるわけがない。

にもかかわらず、仕事やプライベートでは多くの場合、相手に出会った段階でその人となりを判断し、対応せざるを得ないのが実態である。そうであるならば、まずは「分からない」という不都合な真実を直視し、将来にわたっても「完全に分かるようにはならない」と前向きに諦観《ていかん》するのが得策である。

不可欠な「時間のテスト」とは？

一方で、「時間のテスト」という方法がある。すなわち、ある一定期間をかけながら、じっくりと人の真贋《しんがん》を見極める方法だ。結局、これに勝る評価・判断法はない。

ファーストインプレッション（第一印象）で、どんなに素晴らしい人間、どんなに魅力のある人物だと思っても、いやそうであればあるほど、過大な評価をしたり信用しすぎたりするのは禁物と心がけるべきである。

ちなみに、「時間のテスト」の期間は、短くても三〜四カ月、長くて一年といったところだろうか（もちろん接触の密度と頻度、関係性によって異なってくる）。

少し話は逸れるが、時間のテストを省略しがちな例として、男女の関係が挙げられる。「一目会ったその日から」とのフレーズにもあるように、男女の恋愛ではファーストインプレッションや、俗に言う一目惚れなどという感情に支配され、時間のテストがないがしろにされるケースが多い。必然的にその行方と結末は運任せとなり、残念ながら「アンハッピー・エンド」に繋がることもある。

こうした考え方や手法は、男女の関係のみならず、仕事上の人間関係や採用活動などにも有効だ。採用に関して言えば、「インターンシップ」はまさに、企業と学生がお互いに時間のテストをしあう、大変優れた仕組みだと思う。

もちろん、ファーストインプレッションと「時間のテスト」の結果が一致するのに越したことはない。しかし、往々にして、両者の結果にはかなりの隔たりが生じるものだ。その場合は言うまでもなく、後者（時間のテスト）の結果と判断を優先する勇気と冷静さを持たなければならない。

繰り返しになるが、「人は人のことなど分からない」。だから「時間のテスト」が必要になる。友人・知人であれ、恋人であれ、さらには同僚・部下・上司であれ、**人は時間のテストという概念を外した瞬間、人間関係における判断基準を見誤り、それが落運に直結してしまう**のである。

目指すべきは「距離感の達人」

他罰的な人や疫病神と距離を置くのは基本中の基本だ。ただ、いかなる個性や職業をもつ人と付き合う場合においても、**常に「一定かつ適切な距離感を保ちながら接する」のが運を落とさない極意**である。言い換えれば、「適切な距離感を持って人と付き合う巧拙《こうせつ》の度合いに、人生の充実度はほぼ比例する」ということだ。

例えば、中国戦国時代の思想家である荘子《そうし》は、「君子の交わりは淡きこと水の如し」という言葉を残している。「君子は人と交わるのに、水のようにさっぱりしているので、その友情（関係）は永く変わることがない」という意味だが、この淡き水という、君子の交わりの極意こそ、私の言う「距離感」と同義と捉えてもらってもよい。

ここで強調しておきたいのが、「距離感」における加減の大切さだ。そもそも距離感というのは、状況によって変化するものだ。当然のことだが、全面的に人を盲信すべきではないし、逆に全否定的な不信、猜疑状態に陥るのも誤りである。要は、他人を単純に「善玉＝いい人」、「悪玉＝悪い人」と極端に分類してはならないということだ。

人間は真っ白でも真っ黒でもなく、グレーの濃淡のどこかに位置するものである。そのポジションは、置かれた状況や時代（時期）、年齢、接する人によって千変万化する。したがって、自分と相手が濃淡グラデーションのどこに位置するのかを見極め、常にそれに応じた距離感をもって、適確な接点を見出すことが肝要となる。

言うまでもないことだが、あからさまに距離をとってはならない。無愛想ですげない対応をして、相手に嫌な印象を与えるような距離のとり方は最悪である。一定の距離をとる時こそ、笑顔で相手に接し、こちらの意図を悟られないようにすべきだ。それができるかできないかに、大人と子供の違いがあると心得るべきだろう。

私は大の格闘技ファンだが、ボクシングで歴史に残るような名選手、名チャンピオンを見ていると、彼らはいずれも「距離感の達人」である。

もちろん彼らは人並みはずれたパンチの強さや上手さ、スピードなどを有しているのだが、そのレベルの選手はあまたいる。では、並みのボクサーと彼らを分ける決定的な違いは何か。それが距離感なのである。つまり、確実に自分のパンチが当たる距離、そして相手のパンチが届かない距離を常に保てるか否かが分岐点となるのだ。

仕事や人生における戦いにも、これと同じことが言えよう。本書読者の皆さんには、是非とも「人との関わり」における名チャンピオンになってもらいたいものである。

そのために老婆心ながら、現実に人と距離をとる際の心構えのようなものを、いくつかのポイントに分けて記していこう。

嫉妬の怖さを認識していないと衰運を招く

まずは嫉妬の怖さを認識し、極力、他人からの嫉妬を受けないように心がけるべきだ。

嫉妬の怖さは、何よりもこの私が身をもって知っている。何も持たざる若い頃の私は、妬《ねた》みの感情が人一倍強かった。恵まれて成功している人はもとより、美人の彼女がいる人まで妬んでいたように思う。

とりわけ田舎者がガラにもなく、裕福なシティボーイだらけの慶應大学に入ったものだから、妬み嫉《そね》みの感情は否応なく高まった。「ああ、こいつらいいな」と心底羨み、歯ぎしりし、やっかんだものだ。一方で、そうした嫉妬は、「こんな奴らに負けたくない」という強烈な思いの原動力になり、その後の私の人生を成功へと導いていったと言えよう。

それだけ妬みが強かったからこそ、私は人から妬まれるようなことだけは絶対にするまいと決めていた。ビジネスで成功しても、なるべく高級車には乗らないようにするなど、自分の成功を極力人に悟られないようにしていた。妬みの嵐を全身に受けて、潰されるのではないかという恐怖心があったからだ。

人生やビジネスで成功した時に、これ見よがしに自慢する人がいるが、そのような行為は運を落として衰運を招く最大の悪手となる。世の中には、隙あらば人の足を引っ張ろうとする手合いがうじゃうじゃいる。自らの成功を言いふらすと、彼らの敵意をいたずらに高めてしまうことになり、不運を招き呼び込む要素が一挙に倍増してしまうのだ。したがって、運と努力で成功を収めることができた場合、嫉妬を買いそうな相手とはなるべく会わないようにするのが望ましい。

とりわけ嫉妬されやすいのは、自分と同じような能力、境遇にもかかわらず、お金や地位を手に入れたケースだ。例えば、かつて自分と同じようなレベルだったクラスメートが大成功を収めているのを知ったりすると、途端に嫉妬の感情が芽生えるものである。

「羨ましい」という呪いの言葉

嫉妬をする人は、相手に向かって「羨ましい」とは決して言わないものである。言った瞬間に負けになるからだ。でも、心の中では「羨ましい」という思いがとぐろを巻いている。そういう意味からも、「羨ましい」は災いを呼び込む呪いのような言葉だ。そんな呪《じゅ》詛《そ》のような言葉や思いを、自ら好んで集める必要はない。

いずれにしても、「俺は成功したぜ」と得意げに自慢する奴に限って、その成功が継続したのを、私は見たことがない。

改めて**嫉妬とは何かを考えると、相手の失敗を望む気持ちを最大限に高めた状態**ではないだろうか。繰り返すが、そのような禍々《まがまが》しい呪詛のような思いを、わざわざ自分に集中させなくてもよいではないか。不運を呼び込む風圧を上げてしまうだけである。

ゲン担ぎはいっさいやらない

ところで、スポーツ選手や棋士など、勝負事を仕事にする人は、いわゆるゲン担ぎを大切にするようだ。経営者も同様である。誰もが知る大物経営者が、大事な会合でのシャツやネクタイの色にこだわり、宴席での食事メニューを気にかけるなどといった話もよく耳にする。「できるだけ運気を良くしよう」とか、「ここまでのいい流れを断ち切らないようにしなければ」などという思いが込められているのだろう。

私はそうしたゲン担ぎは、一切やらない主義である。姓名判断だとか、風水、四柱推命、手相などの類も、全く気にかけない。実際、これまでドン・キホーテのオープンは「仏滅」の日も多かったし、二〇一七年に開業したシンガポールのアジア一号店（DON DON DONKI）は、いまだに超繁盛店だが、実は風水で最悪と言われた場所に店舗を構えている。

ゲン担ぎのような簡単なことで運がよくなるのなら、誰も苦労はしないだろう。自分の気持ちを整えることはできるかもしれないが、要はそれだけのことだ。本当の意味での開運とは何の関係もないと私は思っている。

また、迷信や縁起についても気にしない。そうしたものに必要以上にこだわって右往左往するのは、逆に運を下げる要因になるのではないか。**科学的な裏付けがないものを断ち切る強さがいい運を呼ぶ、**というのが私の体験的持論である。

「陰極まれば陽転す」

例えば一九九七年、東京・新宿の職安通りにオープンした「ドン・キホーテ新宿店」がよい例である。職安通り一帯は今でこそ、我が国最大級のコリアン商業タウンとして栄えているが、当社が進出した当初は〝ちょっと怖いエリア〟で、当時の流通業界の常識からすれば、誰もが出店を尻込みするような街区だった。ドンキの社内でも「新宿店の出店はリスキー」だと根強い反対があった。

ところが、深夜も煌々《こうこう》と灯りをともして営業する新宿店が核となり、周囲に他の飲食店や物販店が続々と集まってきた。ドンキが街おこしの起爆剤となったのである。そうして職安通り一帯は今や夜も賑わいの絶えない商業街区へと変貌し、新宿店も当社を代表するようなドル箱店舗に成長した。

他にも、二〇一五年に開業した「MEGAドン・キホーテ新世界店」は、「あいりん地区」と呼ばれ、ガラの悪かった大阪・新今宮地区に店舗を構えたが、大人気店へと育っていった。ちなみに二〇二二年四月には、同店隣接地に星野リゾートによるホテル「OMO7」が開業している。

このように当社は、他社が進出に二の足を踏むようなエリアに低コストで出店し、大繁盛店に成長させるという成功体験を積み上げてきた。

「陰極まれば陽転す」という格言がある。何事も行き過ぎれば逆に転じるという意味であり、つまり、大凶続きは大吉に近づいているとも言えよう。こうした運の流れに対する感受性を磨いた方が、少なくともゲン担ぎなどよりはるかに有用だ。

「独裁」は確実に運を落とす

本章の最後に、私が最も忌み嫌い、自らにも強い自制を課している「独裁」について簡単に触れておきたい。ちなみに、独裁は「個運」ではなく「集団運」に属する概念なので、詳しい説明は第七章に譲ることにする。

結論から言えば、独裁は確実に集団運を落とす。古今東西、国家でも企業でも、あらゆる組織にそれが当てはまり、最終的には独裁者本人の個運さえも落とすことになるだろう。

国家で分かりやすいのは、たとえば北朝鮮と韓国の違いと国力の差だ。お互い同一民族ながら、共産主義だがその実態は完全な独裁である北朝鮮と、少なくとも独裁を否定する民主主義の韓国のそれを比べれば、両国国民のどちらが豊かで幸せであるか、改めてここで議論するまでもないだろう。

企業も同様だ。創業社長であろうがサラリーマン社長であろうが、独裁体制を敷いて、自分の地位を楽しむようになったらオシマイである。間違いなくその企業の社員と従業員が不幸になる。国家と違うのは、企業はそれによりあっけなく潰れてしまうことだ。ここでは敢えて具体例を挙げないが、流通業界だけでも、そうしたケースは枚挙に暇がない。

恐怖で人を支配する独裁は、もっとも凡庸で安易なマネジメントの手法だが、個々の従業員の情熱を一気に削ぎ落す。そうではなく、全く逆のことをやるべきなのだ。

第七章で詳述するが、私自身が独裁と対極にある「無私の境地」に至ってから、当社の業績は面白いほどに上向いていった。情熱の渦に従業員たちを巻き込み、個々人がおのずと自燃・自走する最強の「集団運組織」を作ることができたのである。

私はこの状態を、オーナーシップが生きている民主主義経営と呼んでいる。

当社の場合は、「誰が社長になろうが、なった瞬間に自我を捨て、無私な経営に徹せよ」と、私はいつも厳しく申し渡している。繰り返すが、社長が独裁によって恣意的な経営を楽しむようになったら、少なくとも当社は一発で崩壊し、雲散霧消するに違いない。

第四章のポイント

- □ 他人との関係が、自らの運を大きく左右する。
- □ 相手の気持ちを推し量れない「他罰的」な人たちは運を落とす。
- □ 結局、人は人のことなど分からない。見極めるには「時間のテスト」が必要。
- □ 攻撃の対象にされないように「距離感の達人」を目指す。

コラム② 信用の浪費と蓄積

経営者としての成功と失敗の分岐点

経営者にとって創業（テイクオフ）は、最初に経験する苦しみだ。首尾よくそれをこなすことができても、次のステップと発展を目指さなくてはならない。会社を持続的に発展させるためには、何が求められるのだろうか。そうした観点から、経営者としての成功と失敗の分岐点を考えてみよう。

私は経営者デビューをしたての三十代から四十代にかけて、「これは反面教師にしなければ」という経営者を何人も見てきた。彼らは非常に能力が高く、地頭もいい。極めて強靭な意志と精神力を有しており、早朝から深夜まで一生懸命に働く。さらには人間的な魅力もあり、話題も豊富で人を惹きつけてやまない。それゆえ、創業経営者としてそれなりに成功して、ある一定のところまでは必ず上り詰める。

ところが、さらに上を目指そうとすると、なぜか頓挫してしまうのだ。会社は傾いてしまうが、持ち前のタフネスさで再起を図り、そこそこのレベルにまで持ち直すものの、またもやそこで崩れてしまう。これを何回も繰り返すのである。そうこうするうちに本人は年を取り、疲弊してしまい、やがては消息すら分からなくなる……。そんな経営者を、成功者の何倍も見てきた。

一方、創業時の勢いを失わず、社業を順調に拡大・発展させることに成功する経営者もいる。彼らには特別な能力やタフネスさが備わっているわけではない。どちらかと言えば、いい加減なタイプの人が結構多かったというのが、私の印象である。

不運な前者（最終的に失敗する経営者）と、幸運な後者（結果的に成功する経営者）の差は、一体どこからどう生じるのだろうか。

目先の利益を取るか、信用を取るか

答えを明かせば、前者は「信用の浪費」をし、後者は「信用の蓄積」をしているのだ。

詳しく説明していこう。前者は目端もきいて頭もよく切れ、色んな努力もして人脈も作る。ところが、ある一定のところまで到達すると、つい欲に目がくらんで目先の利益を食ってしまうのだ。他者から受けた恩義を忘れ、自分の利益だけを追い求めるようになる。それで業績は一時的に上がるかもしれないが、犠牲にしているのはそこまでに築き上げた信用である。

　さらに始末が悪いことに、本人は自らの信用を貶《おとし》めていることに気がついていないことが多い。これは次章で詳述する「主語の転換」ができていない典型例だと言えよう。そうして性懲りもなく、失敗を繰り返していくわけである。

　対する後者は、「損して得取れ」とばかりに、目先のちっぽけな利益には目もくれない。常にビジネスの相手を立てて、信用をせっせと蓄積していく。その結果、中長期で莫大な果実（利益）を得て、圧倒的な勝利を手にするのだ。

　このようなことは、経済や経営の教科書にはもちろん、どんなビジネス書にも書かれていないはずだ。少なくともそれが堂々と記されている書物は、唯一、『源流』だけだと自負している。


結局、真の利益とは、顧客の信用の積み重ねがもたらすものである。逆に目先の利益に走って、信用を失うようなら、そんな利益などない方が良い。だから迷うことはない。仮に迷ったら何も考えず、無私で真正直な商売に没頭するべきである。

経営理念第一条解説文より一部抜粋

第五章

最大のキーワードは「主語の転換」

そもそも「主語の転換」とは何か

私の成功哲学を挙げるとすれば、「主語の転換」こそが、最大のキーワードとなるだろう。私はこの「主語の転換」を駆使することで、人生やビジネスにおいて運と活路が開け、豊かな果実を享受し続けることができた。

そもそも「主語の転換」とは何なのか。読者の皆さんにとっては、やや聞き慣れない言葉かもしれないので、まずは私なりの解説をしておこう。

「目から鱗《うろこ》が落ちる」という喩《たと》えがある。何かがきっかけになって急に物事の実態がよく見え、理解できるようになることだ。

私も自らの人生、商売、経営の行き詰まりなどを通じて、目から何枚も鱗を落とし、そのつど発想の転換を図って自分を改めた。中でも最大のそれは、「**相手の立場になって考え、行動する**」ということである。これが「主語の転換」だ。「なんだ、そんな当り前のことか」と言わずに読み進んで欲しい。

仕事をしていれば、多かれ少なかれ誰もが壁にぶつかる。よほど呑気な人でない限り、なぜその壁を越えられないかの原因を探り、様々な打開策を試みるだろう。でも、うまく行かない。色々やってみるのだが、なかなか壁を越えられない、突き破れない……。

なぜ、何度試みても上手くいかないのか。それは、手を替え、品を替えているつもりで、じつは〝本質〟が何も変わっていないからである。

立脚点そのものを変えてみる

壁にぶち当たった時、変えねばならないのは立脚点そのものだ。この立脚点は、主語と言い換えることができるだろう。要するに、**原因を解決しようとする側ではなく、原因になっている側から発想してみる**。自分を主語にするのではなく、相手を主語にして考えてみるということである。

そうすると目から鱗が落ちて、今まで見えなかったものが鮮明に浮び上がってくる。私の経験から言えば、間違いなくここから運が開けるようになる。

もう少し具体的に説明しよう。例えば、事業が上手くいかず、ジリ貧になってきたとする。原因が誰の目にも明らかな場合は、対策のしようがあるので、そもそもジリ貧になどならない。多くの場合、原因が分からないからこそジリ貧に陥るのだ。ここでジリ貧とは何かを考えると、取引先や消費者にとって、自分のビジネスや商売に対する必要度と支持度が低下している状態を指す。だからこそ取引先や消費者、すなわち「相手の立場」になって本気で考えてみれば、自分のビジネスや商売の改善点が見えてくるというわけだ。

仕事やビジネスでは、常に主語は「自分」ではなく「相手」に置く。すなわち「主語を転換せよ」というのが、私の中でも最大の開運ロジックである。

ところが「言うは易く行うは難し」で、これがなかなか身につかない。生まれつきのお人好しかよほど達観した人でない限り、世界は自分を中心に回っているから、**ほとんどの人の目には「主語は自分」という鱗が何層にもへばりついている**。

私の場合も、その鱗を落とすには、窮地に立たされる修羅場のような経験と、その状況を何とか打破せんとする強い思いと意志が必要だった。

我欲と自我を消さないと人は寄って来ない

私が「主語の転換」の必要性を痛切に意識し、心がけるようになったきっかけは、「泥棒市場」や初期のドン・キホーテ時代の従業員問題である。

若い頃の私は、とにかく自分のことしか考えていなかった。「早く金持ちになりたい」、「成功して認められたい」という思いが前面に出ていたように思う。従業員には、「皆さん、頑張ってね。成果を上げてくれたら給料は弾むから」とは言うものの、自分が儲けたいという魂胆《こんたん》が見え見えだった。しかし、これではうまく行かない。

私は日夜、従業員の問題に悩まされるようになった。例えば、頼りにしていた人間がある日突然辞めて、後から調べてみると、彼による社内不正が大量に発覚したとか、ライバル店に移籍していたとか、とにかくそんなことの連続だった。

これは「主語の転換」ができずに失敗する典型例である。「自分の夢を叶えるために従業員を使う」という考え方をしている限り、良い人材は集まってこないし、むしろ人が逃げていくばかりだ。

私はある時から自らの姿勢を反省し、我欲と自我を一切消し去り、働く人たちの立場で経営を考えるようになった。「どうしたら従業員たちを幸せにすることができるのか」ということを一生懸命考え、彼ら彼女らに提案を続けていった。すると、次第に事業も上手く回りはじめたのだ。

「無私で真正直」が盛運をもたらす

もう一つ、「主語の転換」の必要性に気づかされた経験がある。

商売を始めた頃の私は、売る側からしか、ものを見ることが出来なかった。売ろうとするから売れない。儲けようとするから儲からない。なまじハングリーだから、よけいにそれが強く出て悪循環に陥っていたのだ。

下手なお笑い芸人ほど、観客を笑わせようという意識が前面に出て、結局笑わせることができず、場はますますしらけてしまう。これと同じ構図で、売ろうとすればするほど、お客様はその風圧を感じて、逆にドン引きしてしまうのだ。

そんな辛酸を何度も舐《な》め、私はどうしていいのか分からずに行き詰まった。「なぜ商品が売れないのか」「どうしたら買ってもらえるのか」、ボトルネックを脱却する方法をいろいろと考え抜き、ようやく見えて来たのが、**「売る側の一方的な意図など、買う側からは簡単に見破られてしまう」**ということだった。

例えば、「どうせ元値は分からないんだから、この際ちょっと儲けてやろう」「ちょっと誇大に宣伝してやろう」という安易な商売っ気は、必ず買う側に見抜かれてしまう。その時はバレずに一時的に儲かっても、間違いなく後で手痛いしっぺ返しを喰らうのだ。

読者の皆さんはこう思われるかも知れない。「他の店でも売っている商品で暴利をむさぼろうとすればバレるかもしれないが、他店にない独自商品なら分かりゃしないだろう」と。しかし、必ずバレるのである。これは理屈ではない。売り場が発する不正直な気配といおうか、ズルそうなオーラといおうか、そんなものが店全体に立ち込めて、最後は必ずお客様に見抜かれてしまうのである。

それを思い知った私は、ならば無私で真正直に商売をやろうと思った。ドン・キホーテで追求するのは、「金（売上と利益）より人気（お客様の支持）だ」と割り切ったのである。

不思議なもので、そう決めたとたん、売上と利益はみるみる上がりだした。結局、商売は真正直にやるのが、最終的に一番儲かる方法なのだ。私はここで、いわゆる「商人道」を説くつもりはさらさらない。**現代の商売において、真正直こそが最も実効性の高い、盛運をもたらす現実的手法だ**と言っているのである。

企業原理を「顧客最優先主義」にした理由

これまで何度か触れた『源流』にも明記されているが、PPIHグループの企業原理は「顧客最優先主義」だ。当社ではこの「顧客最優先主義」を、「仮に自分がお客様だったら、一体どうして欲しいかを具現化すること」と定義している。その根底に、「主語の転換」の思想があるのは言うまでもない。

もちろん商人なら誰でも、「売りたい」「利益を上げたい」と常に思っている。一方、

「売上に貢献して儲けさせてやろう」と思って店に来られるお客様は、ただの一人もいないはずだ。この売り手と買い手の構図は、未来永劫不変だろう。

ならばいっそのこと、顧客の側に立って、「この店に来て面白かった、得をした」と思っていただこう、というのが当社の基本姿勢である。つまり主語を転換して、徹底して買う側に立った発想をするということだ。

創業店の「泥棒市場」も、当初は苦難の連続だったが、この「顧客最優先主義」を取り入れたことで、みるみる変化を遂げていった。

「泥棒市場」は、バッタ品や廃番品主体という品揃えの性格上、ほとんどがその場限りの商品である。売れたからといって、追加仕入れなどできない。だから常に売れそうな商品を見つけてきて、仕入れ続けるしかない。

私は五感をフル動員して、**お客様のしぐさや行動、心の動きなどを必死になって観察し、潜在ニーズを掘り起こそうとした。そうしてお客様が喜ぶ店づくりと品揃え、プライシング（価格設定）に徹していった**のである。

「圧縮陳列」と「POP洪水」

当時の「泥棒市場」は、店舗と別に倉庫を借りたり、従業員を雇う余裕はどこにもなかった。仕入れた商品が段ボールで次々に届くと、私一人で十八坪の狭い店の中に商品を押し込んでいっていた。棚という棚にぎっしりと突っ込み、棚の上には段ボールを天井まで積み上げた。通路も商品と段ボールに占拠され、売り場はまるで迷路のジャングル状態になった。

ところが、箱を積み上げるだけでは何が売っているか分からなかったため、私は商品を説明した手書きのPOPを棚という棚に貼りまくった。これが、今でもドンキ名物となっている「圧縮陳列」と「POP洪水」である。

不思議なことに、圧縮陳列を始めてからのほうが、お客様の受けがよくなった。掘り出し物がないかと、期待感をもって丹念に見回ってくれるのだ。これも、お客様目線に立つという「主語の転換」が上手くいった事例である。

「ナイトマーケット」の発見

また、深夜営業を始めたのも「泥棒市場」の頃からである。

私が「ナイトマーケット」の存在を発見したのは、閉店後に店の前で作業をしていた時のことだった。自分一人しかいないので、商品の仕分けや値札貼りなどは夜にやるしかない。あたりが真っ暗な深夜に、煌々《こうこう》と灯る看板照明の下で、若い男が商品に一個一個手作業で値付けのシールを貼っている姿は、かなり怪しげなものだっただろう。

ところが、そうするうちに道行く人から「何をしているんですか？」「店はまだやっているんですか？」と声をかけられるようになった。私は少しでも商品を売りたいので、店に招き入れるのだが、夜遅くに来店されるお客様は大概アルコールが入っているせいもあってか、仕入れた私でさえ、「こんなものが売れるだろうか」と思うような商品でも、逆に面白がってよく買ってくださった。

「もしかしたら書けないかもしれないボールペン一本十円！」などと、人を食ったようなPOPもバカ受けした。

「夜のお客様は、主婦など厳しい買い物しかされない昼のお客様とは全く違う」

それに気づいた私は、夜十二時までの深夜営業を開始した。

もっとも、たった一人の個人店での深夜営業の大変さと苦労は、並大抵のものではなかった。それくらい、当時の私は死に物狂いだったわけである。

見えにくく、取りにくく、買いにくい

ともあれ、商品をぎゅうぎゅうに押し込んだ圧縮陳列が「こりゃなんだ」と面白がられる、たまたま夜中まで営業してみたら喜ばれる……そうした発見の連続が、横並びの小売業から一歩抜け出す切り札となった。

「泥棒市場」は、流通業における常識から考えると、〝禁じ手のデパート〟のような店だった。流通の教科書には「見やすく、取りやすく、買いやすく」が小売業の鉄則だと書いてあるが、私の店は真逆だった。「見えにくく、取りにくく、買いにくい」のである。

にもかかわらず、「泥棒市場」は大繁盛店となった。それはなぜなのかと言えば、一貫してお客様の立場になって考える姿勢を崩さなかったからだ。

小売業の世界では、世間一般の常識や理屈、既成のルールは全く無力で、むしろ有害な場合さえ多い。求められるのは、瞬時に相手の心の動きや欲求をキャッチする鋭敏な感性だけである。こうしたことを、私は「泥棒市場」の経験で学んだ。

圧縮陳列や深夜営業といった戦略について、よく「逆張り経営」で成功したと言われる。しかし、私はあくまで「順張り」をしてきたつもりだ。愚直に「主語の転換」をしているだけなのだが、それが他の人には「逆張り」をしているように見えたのだろう。

なぜドンキが「向かうところ敵なし」だったのか?

ところで、こうした主語の転換の重要性は、お客様との関係だけに留まらない。商売がらみで言えば、ライバル店との戦いなどにも、これが応用できる。

自店ではなく相手の店の側に立って、何をされたら一番困るのか、つまり**「これをされたらかなわんな」ということを、徹底的に考え突き詰める**のである。こうして主語を転換すれば、対競合戦略などにおけるアイデアの精度も飛躍的に高まる。

とりわけ、総合品揃え型のディスカウントストアであるドン・キホーテは、多種多様なカテゴリーの商品を安く売っているため、多くの店から〝憎っくき標的〟になりやすい。どこに出店しても、そのエリアの商店が総力をあげて襲い掛かってくるのである。

にもかかわらず、全国の各商圏・立地で、ドンキは向かうところ敵なしだった。なぜかといえば、ライバル店の立場になって「これだけはやらないでほしい」と思うことは何かを考え抜いたからである。その結果を価格設定、販促や売り方に反映させる。こうした主語の転換戦術により、徹底的に戦いを挑む文化が根づいていたのだ。

あるいは、上司と部下の関係においても同様である。

上司という主語を変えずに、「部下をどう使うか、どう真面目に働かせようか」と〝上から目線〟で考えていると、人は離れていってしまう。まずは部下に主語を転換して、「**自分なら、上司にどう扱われればヤル気が出るだろうか**」を、一生懸命考えるのである。この手法は「集団運」を招く上での必要最低条件にもなるのだが、詳しくは第六章と第七章で説明したいと思う。

他罰的な人は「主語の転換ができない症候群」

前章で私は、他罰的傾向がある人は運を落とすと述べた。他罰的な人たちというのは、まさしく「主語の転換ができない症候群」の人たちである。

他罰的な人たちは、自分で自分のことが分かっておらず、要は自己の客観視ができていない。ましてや、他者の気持ちを推し量る能力については言うまでもない。

ここからは人生や生き方の話になるのだが、**大人と子供の違いというのは、主語の転換ができるか否か**、と言い換えることができると思う。

小さな幼児や子供たちは、自分のことだけで精いっぱいなのが当たり前だ。「これは嫌だ」「あれはしたくない」とわがまま放題を言っても、愛らしいから許される（大きくなると、だんだん憎たらしくなってくるのだが）。

いわゆる思春期の苦しさというのは、自分のことしか考えない子供時代から、主語の転換ができる大人へと至る〝一里塚〟ではないだろうか。

もっと言えば、**自己への執着と主語の転換の間で揺れ動く葛藤が、思春期の苦しさの本質ではないか**と、私は理解している。この苦しさを乗り越えることが出来れば成熟した大人になるのだろうが、そうでなければ、いつまでも未熟さを残したままの他罰的な人間として、年をとってしまうのだろう。

麻雀の極意も主語の転換にあり!?

第一章でも触れた麻雀を例にとると、麻雀の初心者というのは、自分の手ばかり気にして、自分の牌《ぱい》だけを見ている。でも中級から上級になるにつれ、自分の手より相手の手を中心に見ていて、相手がどういう状況で、何を考えているのかを読もうとする。要は主語の転換ができており、その上達度こそが、麻雀のレベルとイコールになるのだ。

具体的に言うと、麻雀での必勝法は、相手の細かな表情や目線、しぐさを見逃さず、徹底的にその心理を読み取ることに尽きる。私は実戦の中でそれを死に物狂いで会得した。これは自らの人生、ビジネス、経営にとって、大きな教訓であり訓練になったと思う。

ついでに言うと、麻雀は第二章で詳述した「幸運の最大化と不運の最小化」を競い合う典型的なゲームである。

麻雀は短期的に見ると、（運任せという意味での）運の要素が圧倒的に強い。上級者だろうが初心者だろうが、半チャン（麻雀のゲーム単位）を二回くらい打つような場合は、ほぼその場の運で勝敗が決まる。この点が、実力とレベル差が最初から如実に表れる囲碁や将棋などとは全く違うところだ。

ただ、麻雀もゲームを続ければ続けるほど、実力とレベルの高い人が勝つ確率が高まっていく。第一章で触れた「大数の法則」の力学が働くと言ってもいいだろう。

短期的に見ると単純な運で勝敗が決まるが、中長期的に見るとレベル差で勝敗が決まる。半チャン一回や二回では、相手の真のレベルなんて全然分からない。これがなかなか複雑で面白いところだ。人生やビジネスも同様だ。麻雀というゲームの妙味と神髄が、まさにここに詰まっているように思う。

「メタ認知」プラス「主語の転換」

さて、「主語の転換」について詳しく説明してきたが、ここでもう一点つけ加えたいのが「メタ認知」という要素だ。

幸運をモノにする人は、チャンスとピンチに敏感である。それも目の前のものだけでなく、潜在化したチャンスとピンチにことのほか敏感だ。彼らはなぜ、そうした感受性が強いのだろうか。それは、「主語の転換」にプラスして、「メタ認知」を駆使しているからだと、私は考えている。要は**この二つを同時並行的に使い分けることで、多くの人が気づくことができないチャンスとピンチが両方見えてくる**のだ。

「メタ認知」という言葉は脳科学の専門用語だが、最近、ビジネスや教育の場でも注目されており、耳にしたことがある読者も多いだろう。一般的には、自分自身を客観的に認知する能力のことを指し、メタ認知能力が高い人は、仕事や学業の成績がよく、社会で成功すると言われている。

私はこの「メタ認知」を、もう少し広い解釈で捉え、「鳥の目、虫の目」と独自の言葉を使っている。マクロな視点で俯瞰《ふかん》して見る「鳥の目」と、対象物に近づいて（あるいは入り込んで）ミクロな視点で精緻に観察する「虫の目」で、物事を立体的に浮かび上がらせる「複眼的」な思考法を指す。

この「鳥の目、虫の目」を駆使しながら、私は生活や仕事の拠点で常に商売のネタを探し、実際にビジネスを起こしている。現地に入り込んで生活しながら、その土地を精緻に観察し、一歩引いてマクロな視点でも眺めてみることで、ビジネスの潜在的なチャンスが見えてくるのだ。

例えば、二〇一五年から生活の拠点にしているシンガポールでは、二〇一七年に「DON DON DONKI」を新創業。ライフホビーの拠点としているパラオでは、個人事業のホテルを二〇二四年秋に開業予定である。かつて社員研修を行っていた沖縄・宮古島では、二〇一六年に初の離島型店舗「ドン・キホーテ宮古島店」を、同じく研修地だったグアム島では、二四年四月に「DON DON DONKI ヴィレッジ・オブ・ドンキ」を開業、といった具合である。

「運の分かれ目」になるセンサーの有無

中でもグアム島への初出店は、「メタ認知」にプラスして、「主語の転換」も活用した分かりやすい例と言えよう。

前述のように、グアム島は当社の研修地でもあったため、私もこれまで頻繁に通ってきた。現地で過ごしていると、「この場所に出店すれば、いけるんじゃないか」と潜在的なチャンスが見えてきて、まずは立地を特定する。その上でグアムという商圏・立地を鳥の目で眺めてみると、同時にピンチも浮かび上がってきた。私が選んだ場所は、空港に近いため渋滞の名所と言われる地で、「こんなところに店を作ったら大変なことになる」と予想できたのである。

そこで役に立ったのが「主語の転換」だ。

敷地の中にバイパスを作って渋滞を緩和すればいい。バイパスを作ったら作ったで、グアム中の人がいっぺんに押し寄せて店が大混雑するだろうから、さらに何らかの手を打たなければならない……。こうして、現地の人々がどのように行動するのかを考えながら、店づくりを進めていったのだ。**私は「前始末」**（**詳細はコラム③を参照**）**という言葉を好んで使うが、リスクは前もって取り除いておくほうがいい。**

このように、私はチャンスとピンチを察知する感受性によって、人が考えつかないような方法論を導き出すことが多いようだ。その根底には「メタ認知」と「主語の転換」というセンサーの存在がある。このセンサーの有無が「運の分かれ目」になるのだ。

曖昧さを許容する謙虚さとは？

最後に、「曖昧《あいまい》さを許容する謙虚さ」の重要性について述べておきたい。

脳科学者の中野信子さんは、著書『脳の闇』の中で、「曖昧さを良しとするのが脳科学的にもいい」と喝破《かっぱ》され、「曖昧さを許容する謙虚さがなければ、脳は間違える」というようなことを書いておられる。私は思わず膝を叩いた。曖昧さを許容する謙虚さというのは、なんと言い得て妙な表現ではないかと。

基本的に人は曖昧な状態を嫌う。嫌わぬまでも、「居心地悪い」と感じるのが常だろう。分かりやすく明快な答えを出した方が、すっきりと気持ちがいいに決まっている。そういう意味で、**「解」を求めるというのは、ある種の快楽に身を委ねる行為**とも言えよう。しかし、安易に導き出した「解」は、必ずしも正解とは限らない。むしろ、そうではない場合のほうが、現実には圧倒的に多い。

逆説的に言えば、そうした快楽に身を委ねずに、難問に対して謙虚に模索しながら、ボトルネックから抜け出そうと真摯《しんし》に格闘する姿勢そのものにこそ解がある。

たとえば前章で触れた「時間のテスト」を例にとって考えてみよう。要するに時間のテストとは、解という快楽に身を委ねることなく、曖昧さという居心地の悪い状態を耐え忍んで、謙虚な気持ちで時間の経過を待つということだ。そういう**曖昧さの許容は、運を良**

くするための秘伝のロジックだと私は思っている。

ついでに言うが、いわゆる〝学校秀才〟というのは、常に「正解と間違い」があって、いつの世も正解は不変であるという訓練を受け、そこに疑問を差し挟まない。従って、彼らは「こうあるべきだ」「こうならなければならない」という過去の正解に頑としてこだわり、そこに無駄なエネルギーを傾注《けいちゅう》し、疲弊し、結果として間違い、著しく運を落として勝負に負けてしまう。

少なくとも私は、そんなものには全くこだわっていない。なぜなら現実における正解というのは、時代やその時の状況によっていつでもいくらでも変化する、いわば変幻自在な対象物だからである。

あるいは、前章で触れた独裁による政治や共産主義なども、常に白か黒かという「解」を求める。すなわち極端から極端へと解を求める快楽に身を委ねている。そして白でも黒でもない、現実的には最も多いケースであるグレーという曖昧さを決して許さない。だから運を落とす。結局、一見、曖昧な民主主義こそが、ベストではないかもしれないがベターということになるのだ。

第五章のポイント

□「主語の転換」とは「相手の立場になって考え、行動する」こと。

□経営者が我欲と自我を消し去らないと、よい人材は集まってこないし、お客様の支持も得られない。

□「顧客最優先主義」で、徹底して買う側に立った発想をする。

□「解」という快楽に身を委ねない。目の前にある難問に対して、真摯に格闘する姿にこそ「解」がある。

コラム③　仮説は必ず間違える

本書ではこれまで〝個〟の盛運に向けた実践的手法や、逆に衰運を招かないための所作のようなものを、様々な角度から述べてきた。

次章からは「個運」ならぬ「集団運」の強化という、独自の思想と手法による企業の運営・経営論を展開していくわけだが、「はじめに」でも触れたように、そもそも個運が良くなければ集団運も良くなり得ない。そこでこれまでの総括として、個運を上げる上での前提条件を、キーワードとしてあげておこう。それは、「仮説は必ず間違える」ということである。どういうことだろうか。

情熱と単なる思い入れは似て非なるもの

読者の皆さんは、「えっ、これまでの主張と逆じゃないか」と訝《いぶか》しく思うかもしれない。なぜなら私は、独自の仮説を立てて、失敗を恐れずに果敢に実行する挑戦の姿勢こそが運を引き寄せると繰り返し述べてきたからだ。第二章で詳述した「再挑戦万両」や、

第三章で触れた「速攻堅守」、「断行熟慮」というのも、これと同じ文脈上にある。

一方で私は、仮説にはそれを実行した後の「検証」がセットになっていなければならないという「仮説と検証」の重要性も、第一章と第五章で指摘した。

何が言いたいかというと、**仮説という「主観」に拘泥《こうでい》するあまり、検証という「客観」を疎かにして失敗するケースが、現実には非常に多い**ということである。仮説に対する最初の思い入れが強すぎて、不都合な事実が起きていても、そこに目が行かなかったり、気づかずに突っ走って、再起不能な失敗の域にまで達してしまうのだ。私はそういう経営者や起業家をたくさん見てきた。

仮説はあくまで仮説だから、やってみなければ分からない。間違えた時は、謙虚に事実を直視し、即刻かつ柔軟に変化対応して修正を行う。その繰り返しと精度向上こそが、運を呼び込む鉄則である。そのためにも、「仮説は必ず間違える」という認識を常に持ち、それを前提にして事に当たるくらいが丁度いい。第五章で触れた「鳥の目／虫の目」という複眼思考も、ここで大いに生きてくるだろう。

たしかに、仮説立案とその実行には情熱が必要である。しかしそこに、無用な思い入れを差し挟むべきではない。少なくとも私は、情熱と単なる思い入れは、似て非なるものだと思っている。繰り返すが、成功のために仮説は不可欠である。しかし仮説は必ず間違えるということを前提にしなければならない。それが幸運と不運の決定的な分かれ目になることを、ここで改めて強調しておきたい。

「後始末」ではなく「前始末」

さて、「仮説は必ず間違える」ということの応用編とも言えるのが、第五章でも出てきた「前始末」である。この前始末というのは、すぐれたリスク管理の概念だ。後始末、すなわち「後で始末に困る」ような間違いは、じつは前始末で未然に防げることがほとんどである。これもあなたに幸運をもたらす秘伝のロジックとなるはずだ。

私の経験則から言えば、**業務を進めていて後で不都合な状態に陥るような場合は、必ず事前に何らかの兆候を発しているものである。そのシグナルを見逃さず、きちんと前始末さえしておけば、後で大騒ぎをする必要はない。**

つまり、前始末という最小の労力とリスク負担で、最大の効果と成果が得られるのだ。実際に読者の皆さんも、「あの段階で気がついて、ちゃんと改善さえしておけば」と、後になって大いに悔やむようなケースが、結構多いのではないだろうか。

もちろんこの前始末は、不都合な状態になる前の対応のみならず、新たな企画や業態などを立ち上げる時などにも大いに活かすことができる。お客様の気持ちを察して、常にどうあるべきかを考えること、言い換えれば顧客心理に基づく前始末的対応が、その店や個人の成績の優劣を決すると言っても過言ではない。

前始末の上手な人は、業務に潜む多面性と潜在リスクに対する感受性が強い。これは単なる臆病とか心配性とは全く別のものだ。すなわち、目に見えない、表面に現れづらいもの、もっと言えば、ものごとの本質部分における認識力と理解力が高いのである。

前始末と変化対応の関係

ところで、前始末と変化対応はどのような関係になるのだろうか。たとえば、雨が降るかもしれないからと、事前に傘を用意するのが前始末で、雨が降ってきたらさっと物陰に隠れ、より良い次の行動を起こすのが変化対応である。

基本的に変化対応は、正確な事前予測は無理だから、結果が見えてからそれに柔軟かつ迅速に対応する状態を指す。正確で精度が高く、なおかつ攻撃的要素が強い。

それに対して前始末は、ネガティブな問題が顕在化する前に、きちんと手を打ち、策を講じておくという守備的な行動である。

「強い攻撃力は堅固な守備力にこそ宿る」というのが、昔から変わらぬ私の持論である。前始末という守備力と、変化対応という攻撃力が組み合わされれば、向かうところ敵なしの連戦連勝が可能となり、願ってもない盛運を招くこと請け合いである。

第六章　「集団運」という弾み車

デフレ不況を逆手にとる〝独自インフレ〟

一九八九年、私はドン・キホーテ一号店（東京・府中店）を創業。その後、ドン・キホーテ（現ＰＰＩＨ）は尻上がりに絶好調となり、誰もが目を見張るような快進撃を見せた。創業以来、三十四期連続となる増収増益を更新中で（二〇二三年六月期）、さらには三十五期連続増収増益も確実視されている。

成長の度合いも凄まじく、この三十数年の間に売上は二千倍、営業利益に至っては二万六千倍（九〇年：四百万円→二三年：千五十二億円）にもなっている。さらに、今期（二四年六月期）の年商は、二兆円突破を確実なものにしている。

この間、わが国は「失われた三十年」と言われる、世界の経済史的にも特筆されるような、未曾有のデフレを経験したのは周知の通りだ。だが、当社ＰＰＩＨは、まるでそうしたデフレ不況を逆手に取るようにして、総合小売業態としては一人勝ちとも言える〝独自インフレ〟を演じてみせたのである。

別表2にもあるように、当社は日本のバブル経済がピークだった一九八九年以降、株価が七十八倍にもなり、抜群のパフォーマンスを示している。株価が大きく上昇した銘柄としては、ファーストリテイリングに次ぐ第五位だ。ちなみに、別表の株価上昇銘柄は、第

別表 2　89 年末以降に株価が大きく上昇した主な銘柄

1	ゼンショーHD	236 倍
2	レーザーテック	171
3	LINE ヤフー	116
4	ファーストリテイリング	112
5	パン・パシフィック・インターナショナル HD	78
6	ニトリホールディングス	76
7	サイバーエージェント	59
8	キーエンス	58
9	ハーモニック・ドライブ・システムズ	57
10	ディスコ	53

出典：『日本経済新聞』2024 年 2 月 23 日（出所は QUICK。TOKYO PRO Market を除く国内市場に現在上場する企業が対象。90 年以降に上場した企業は上場年末比。株価は店頭市場も含む。2024 年 2 月 21 日時点）

四章でパフォーマンスが高いと述べた「創業経営者系企業」が圧倒的に多い。

〝独自インフレ〟の背景には、一体何があったのか。

数字だけを見ると、当社は常に右肩上がりだが、その内実は危なっかしい出来事の連続だった。創業者の私が身をもって体験したから言えることだが、この三十四年間の当社の軌跡は、ジェットコースターのような急上昇と急降下の繰り返しだったのだ。

第二章で触れた住民反対運動に代表されるように、企業存亡のような危機に陥ったことも、一度や二度ではない。それでも、当社は常に挑戦の手を緩めることがなかった。二〇〇〇年以降は様々な業態への挑戦を開始。都市型コンビニ「情熱空間」のオープン、長崎屋やドイト（ホームセンター）のM&Aなどにも挑み、その後は海外進出を本格化させた。

つまり当社は、かなりハイリスクで危険なゲームを、三十四年間やり続けてきたわけである。企業経営をジャンケンに喩えるのは強引かもしれないが、通常ジャンケンで、三十四回連続で勝ち続けることはあり得ない。だが当社の業績を見ると、三十四回ずっと連戦連勝で、長期にわたる繁栄を謳歌させてもらっている。その根幹、あるいはその本質は何なのだろうか。

これは正直言って分からない。しかし分からないなりに、ある種の確信めいたものが私の中にはある。それが**当社のずば抜けた「集団運」の強さだ。もちろんこれは天から与えられたものではない。自ら獲得したものと自負している。**ちなみに、読者の皆さんにはおそらく耳慣れないであろう「集団運」という言葉は、辞書を引いても出てこない。私が運について、突き詰めて考えていく過程で生み出した造語だからである。

「情熱の渦に巻き込む力」とは

創業当初は何もなかったドン・キホーテが、ゼロからなぜここまで上り詰めることができたのだろうか。もちろんドンキには、特別なパテント（特許）であるとか、他にない独自商品、あるいは高学歴でスキルの高い人材が揃っていたわけでもない。

そういう特別なものが何もなかったにもかかわらず、しかも後発中の後発の身でありながら、一貫して他の流通小売業を凌駕し、その後、圧倒的な差をつけて勝ち続けることができたのは、**「集団運」を弾み車のように転がしてきた**からである。

弾み車とは、車軸に取り付ける重い車のことで、慣性を利用して回転速度を平均化し、また回転エネルギーを保有する。そのため、車を押し続けていると少しずつ回転が速くなり、ある時点から勢いがつき、自ら勢いよく転がり始めるというものだ。

「泥棒市場」と「ドン・キホーテ」は、たった一人での挑戦から始まった。私は、本書の前半で説明した「個運」を磨きに磨きまくり、そのおかげで事業も大きな成長を遂げた。

ところが、店が繁盛して規模が拡大するほど、私一人の運を全体に及ばせるのは難しくなっていった。そこで、私の「個運」を、従業員一人ひとりに転化させていく必要が生じたのである。

いくら経営者が情熱を燃やして「攻め」と「挑戦」の経営を続けても、それに従業員がついてこなければ、組織の成長にはすぐに限界が来る。自らが持つ情熱によって従業員を感化し、皆が自発的に「うわーっ」と仕事に夢中になれる状況を作り出してこそ、組織の運はそれこそ弾み車のように大きく回り始める。私はこれを「情熱の渦に巻き込む力」と呼んでいる。

ともかく、この「情熱の渦に巻き込む力」によって、私から発生した運気は店で働く人たちの運気に上手く転化した。**「個運」が「集団運」へと転化して、化学反応を起こし、爆発的な上昇気流が生じた**のである。

ゼロから二兆円企業というミラクルは、私一人の運と能力だけでは絶対に成し遂げられなかった。もちろん「個運」が全く役に立たなかったわけではないが、「集団運」を大事にしたからこそ、今のＰＰＩＨがあるのだ。

一過性の「集団運」と中長期の「集団運」

ここで「集団運」の何たるかを、もう少しイメージしやすいように、私なりの補足説明をしておこう。この「集団運」が作用しやすい典型例が、野球などチーム戦によるゲームに見られる。

たとえば毎年夏に開催される地区勝ち上がりの高校野球（甲子園大会）では、必ずしも実力がトップクラスではない、どちらかというと月並みなチームなのに、あれよあれよという間に勝ち進んで地区大会を制し、番狂わせ的に甲子園への出場権を手にするなどのケースがよくある。これは、「チーム全体がツキの流れに乗った」という曖昧な表現で済まされがちだが、私に言わせれば、一過性ではあるが立派な「集団運」が発露された分かりやすい例である。

具体的に言うと、ある時、誰かしらの情熱溢れる一言が契機になるなど、何らかのきっかけでチームの全員が、「皆でやってやろうぜ」「こうして勝とうぜ」と盛り上がって、その熱量が最高潮に達して化学反応を起こし、「1＋1」が「3」にも「4」にも「5」にもなり、本来の実力をはるかに上回るようなミラクルパワーが発揮される。これが「集団運」なるものの正体ではないだろうか。

あるいは二〇二三年三月開催のＷＢＣ（ワールド・ベースボール・クラシック）でも、同様の光景が見られた。読者の皆さんもご存じの通り、日本代表の「侍ジャパン」が見事な戦いぶりを見せ、十四年ぶりに世界一を奪還した。

ＷＢＣの各試合では、あの大谷翔平選手やダルビッシュ有選手など、世界の球界を代表する超一流メジャーリーガーが、謙虚かつ情熱あふれるパフォーマンスを見せた。さらに、アメリカとの決勝戦の直前、大谷選手がチームメートに語りかけた「（彼らに）憧れるのはやめましょう」「僕らは今日（彼らを）超えるために、トップになるために来た」という言葉は、チームの空気を一変させたと記憶している。

侍ジャパンの一連の戦い方を見ると、大谷選手やダルビッシュ選手が持つ強力な「個運」が、チーム全体の「集団運」へと乗り移ったのだと言えよう。前述した「情熱の渦に巻き込む力」がトルネード効果をもたらし、日本をワールドチャンピオンへと誘《いざな》ったのだと私は理解している。

もっともこれらの例は、短期的な試合でのみ発揮される瞬間的な「集団運」である。**われわれ経営者とビジネスパーソンにとって必要なのは、中長期にわたって勝ち続ける「集団運」**だ。仮に、短期的な局面で負けたとしても、その負けを次の勝ちにつなげるための材料として検証・分析し、バージョンアップして果敢に攻めて行く。そんな「集団運」を持った組織を目指さなくてはならない。

なぜ「権限委譲」にたどり着いたのか

さて、ここからが肝心要《かんじんかなめ》なのだが、当社はどのようにして「集団運」を身につけるに至ったのだろうか。

謎を解き明かす最大のカギは、現場への徹底した「権限委譲」である。権限委譲とは一般的に、上司が持つ権限を部分的に部下に委譲することで、部下が自発的に業務を行うことを可能とするマネジメント手法のことを言うが、私の権限委譲はそんなに生易しいものではない。一部ではなく、全部まるごと任せるのである。

そもそも、なぜ私がこの権限委譲にたどり着いたのか。時間を「ドン・キホーテ」創業の頃に巻き戻して、経緯と背景を簡単に整理しておこう。

第五章で触れたように、私が「泥棒市場」で学んだ最大の教訓は、「主語の転換」による顧客目線の面白い店づくり、ワクワクする品揃えの重要性であった。ドンキ名物の「圧縮陳列」や「ＰＯＰ洪水」は、その過程で生まれたものである。その手法は一般的なチェーン小売業等とは全く違う、非常識で複雑怪奇なものであった。

私は「泥棒市場」で会得したノウハウを、ドン・キホーテでも活かそうと思ったが、これが上手くいかなかった。私が目指す独自の店づくりがあまりにも流通界の常識からかけ離れていたため、雇った従業員が全く理解してくれなかったのである。

従業員たちに対して「ウチは他にない独自の店づくりを目指しているので、皆もそのつもりで頑張ってほしい」と言えば、彼らは「はい！」と力強く返答してくれる。しかし、いざ業務が始まると、誰も私の思ったようにやってくれないのだ。

無理もない。当時（今でもそうだろうが）の小売店作りの常識は、商品が「見やすく、取りやすく、買いやすい」だったが、私はそれと全く反対の「見えにくく、取りにくく、買いにくい」店を作れと指示したからである。彼らにしてみれば、そんな非常識なことを言われてもワケが分からず、混乱するばかりだっただろう。

「教える」ではなく「自分でやらせる」

一体どうすれば従業員たちに私の考えが伝わるのだろう？ 例のごとく、私は悶々ともがき苦しんで考えた。当時のドン・キホーテには、オーナーの意を汲んで動く〝できる社員〟など一人もいなかった。こちらから指示したり、懇切丁寧に教えなければ、従業員は動かない。でも、どれだけ教えても、私にできることが彼らには出来ない……。

「もうダメだ、やめよう」と、絶望的な気持ちになったことも一度や二度ではない。店の売却話に心を動かされたこともある。

しかし、私は最後に踏みとどまった。悩みに悩んだ末、開き直ったのだ。あれだけ教えてもダメなのだから、そもそも教えるという行為自体が無意味だと結論づけたのである。

そして、「これでダメならきっぱり諦めよう」と腹をくくり、「教える」のではなく、それと正反対のことをした。「自分でやらせた」のである。

それも一部ではなく、全部任せた。従業員ごとに担当売り場を決め、仕入れから陳列、値付け、販売まで全て「好きにやれ」と、思い切りよく丸投げした。しかも担当者全員に、それぞれ専用の預金通帳を持たせて商売させるという徹底ぶりである。これこそが後年、ドンキ最大のサクセス要因となる「権限委譲」の始まりだった。

大強運の出発点になった権限委譲

私にとっても、ドン・キホーテにとっても、これが大強運の出発点になり、第二章でも説明した「幸運の最大化」にもつながった。

どういうことか。もう一度、時系列で振り返ろう。

ドンキ創業期の私は、圧縮陳列やＰＯＰ洪水などのディスプレイはもとより、商品の仕入れまで全て自分一人で何とかして、どうにか繁盛店を築き上げた。しかし当然のことながら、店が繁盛すればするほど、一人では回すことが出来なくなっていく。まして、多店舗化を目指すならなおさら、他人の手を借りなくてはならない。

だが、従業員たちに圧縮陳列のことを説明しても、全く理解されることはなかった。私は完全に行き詰まって頭を抱えた。自分だけではもうどうにもならないし、周りに頼れる人間もいないという、不運のドン底に突き落とされたのである。

そこで考えたのが「不運の最小化」だった。ここは下手に悪あがきをせず、自己を無力化し、ピンチが過ぎ去るまでひたすら耐えることにしたのだ。そうして実行に移したのが、現場社員への「権限委譲」だった。

ところが、思わぬことが起こった。従業員たちは権限を委譲されたことで、自ら考え、判断し、行動しはじめたのである。彼らは勤勉かつ猛烈な働き者集団と化し、いつの間にか圧縮陳列や独自の仕入れ術を会得していった。結果として、**私が一人で築き上げたスタイルが、従業員たちによって拡大再生産され、ドンキが急速に多店舗化していくことに繋がった。これは紛れもなく「幸運の最大化」に他ならない。**

権限委譲はドン・キホーテに「コペルニクス的転回」を与えたと言える。まさに天動説から地動説へ、物事の見方が一八〇度変わるインパクトを生み出し、それが大強運への出発点となったのだ。

「エースで四番」の封印と、多様性の重視

「権限委譲」は『源流』にも明記されている理念で、今の当社では当り前のように使われている。だが、そこに至るまでの私の胸中の苦悩と不安は、並大抵のものではなかった。現場に全て任せるとは言ったものの、裏ではハラハラし通しだった。正直に明かせば、「こいつらに任せて本当に大丈夫か？　とんでもないことになるんじゃないか」と、危惧していたのである。

そもそも私と彼らとでは、知見と経験値がまるで違うわけで、間違いなくその頃の私は、絶対的な「エース投手で四番打者でしかも監督」である。いわば、二刀流の大谷翔平選手以上の存在だ（笑）。

その能力を封印して敢えて無力化し、力量的に「月とスッポン」くらい差がある彼らに店を委ねるなんて、考えれば考えるほど空恐ろしくなり、当時は眠れない日々を過ごした。だが、権限委譲により、私でなくてもできる拡張性の高い店に切り替えて行かない限り、

この先の明るい未来は決して開けない。

そうしたトレードオフ状態にさいなまれながら、最終的に私は拡張性を選び、彼らに仕事を任せた。しかも中途半端にではなく、腹を括って徹底的に任せた。まさに決死の覚悟である。もっともその時点で、「任せたけど、やはりこいつらには無理かもしれないな」という諦めも、じつは半分くらいあった。

しかしそれは、私のとんでもない思い上がりだったことが、ほどなく明らかになる。「任せたらちゃんと出来た」のである。もちろん、私と同じようにではないが、逆に私に出来なかったようなことが彼らには出来た。

どういうことかというと、彼らにはそれぞれ個性と得意技があって、まさに十人十様の色んなタイプの商売力を発揮してくれたのである。私は「ああ、こういうことだったのか」と得心し、つまり「個運」とは異なる「集団運」なるものを引き寄せたことを実感し、その後は確信犯的にこの「集団運経営」に磨きをかけていった。さらに第七章に後述するように、それが集団運組織に欠かせない、当社独自の多様性（ダイバーシティ）重視の経営に直結することにもなる。

「拡張性の罠」

ところで私には、ドンキの拡張性という点で、もう一つの違う悩みがあった。読者の皆さんもよくご存じのように、ドン・キホーテは他にない独自のキャラが立つ個性的な店である。それがドンキという業態の参入障壁となり、今でも当社のオンリーワン性を担保してくれている。

しかしそうした状態を維持するのは、個店ごとにやたらと手間がかかって、とにかく小難しい。ドンキは本来、「独自性はあっても構造的に拡張性の低い店」だからだ。

当時の私は、以下の二つの究極の選択肢に、揺れに揺れていた。すなわち、「拡張性を持たせるために、もっと（誰にもできる）分かりやすい店にすべきか、それとも独自性を維持して競争力を担保すべく、現場社員を信頼して思い切りよく任せるか」だ。

前述したように私は後者を選び、**それによる権限委譲は、まさに「神の選択」とも言える僥倖《ぎょうこう》＝「集団運」を、その後の私と当社にもたらしてくれた**のである。

そうしてドン・キホーテは、常に入店待ちの人や車の行列が絶えない超繁盛店になった。顧客から見て、ドンキほど独自性が鮮明で面白い店はなかったからである。

ただし、そうした面白い店にすればするほど、現場の負荷は増すばかりで、それと反比例するように拡張性がますます遠のき、せいぜい五〜六店舗くらいやるのが関の山になってしまう。せっかく必勝パターンができたのに、これでは面白くない。

やはり、あの複雑系カオスとも言うべきドンキの世界を、ある程度分かりやすくして、多店舗化に向かうしかないのだろうか。だが、拡張性を重んじて分かりやすい店にすればするほど、前章で触れた「主語の転換」をして敵から見れば「与《くみ》しやすい店」、すなわち競争力の乏しい店になってしまう。

要するに、ここで私は再度、拡張性をとるか、競争力をとるかの二者択一を迫られたわけだが、同時に「ちょっと待てよ」と思った。

「そもそも店の競争力があるからこそ、拡張性があるのではないか」

なぜそんな簡単なことに気がつかなかったのだろうか。そして私は、何よりも店の人気と顧客の支持、すなわち競争力を選んだ。それを究めながらも多店舗化できる方策を、新たに探ることにしたのである。

ここで一般的なチェーン店なら、単純に拡張性を選択するだろう。そこで運は確実に落ちる。すなわち競争力という最高の運が、その犠牲になるのだ。

たとえば、地元のこだわりシェフによる、美味で有名な人気店が、拡張性を優先して多店舗化に走り、その結果、味とサービスを落として陳腐な店になり下がってしまうような例を、皆さんもよく見聞するのではないだろうか。

これが拡張性の罠であり、少なくともわがドン・キホーテは、その陥穽に嵌《はま》るのを、すんでのところで避けることができた。

「主権在現」と「ＡＮＤ」の実現

それは良かったのだが、では次の段階、つまりオンリーワンの競争力を発揮して、拡張性に直結させる具体手法は何かということになる。ズバリその答えは、現場の迅速かつ柔軟な変化対応力に尽きるわけだが、これも後づけの結果論に過ぎない。

今だからこそ、この「変化対応」という概念は、流通激変時代の決め手のようなキーワードとして、ポジティブなイメージで捉えられている（たとえば「流通業は変化対応業であるべき」などと言われる）。

当社グループにおいて、「変化対応」は根源的ＤＮＡともいえ、いわば社是のようなものである。われわれは「変化が常時」で、正解が固定されない世界でエンドレスな戦いを繰り広げている。常に目の前の問題を明確に認識し、変化対応して柔軟に解決し続けていくことができない限り、この激変のさなかには一歩たりとて先に進めない。

もっとも、当時の経営常識からすれば、そうした「変化対応」は、要は現場に任せっぱなし、やらせっぱなしの、いわば経営権の放棄状態にも等しいとられ方をしていた。

「それでもいいや」と私は腹をくくった。もちろん、さすがにその間、追い詰められて逡巡に逡巡を重ねはしたものの、最後には結局、「えいや」とばかりに経営権という主権も思いきり現場に移したのである。

これによる「主権在現」、すなわち「個人商店主システム」による現場への主権の付与こそ、競争力と拡張性という「相並ばない二択」を両立させる、言い換えれば「ＯＲではなくＡＮＤ」にするための、当社渾身の方策になり、「集団運」のベースになったのである。

ビジネスは二者択一ではなく、常に「こちらも立て、あちらも立てる」という「ＡＮＤ」の発想をしないと成功しない。例えば、異なる調味料を混ぜると味に深みが増すように、料理の世界では「ＡＮＤ」が当たり前だ。経営も同じではないだろうか。実際に実行するのは難しいが、「ＡＮＤ」こそ成功の要諦なのである。

身を捨ててこそ浮かぶ瀬もあれ

おそらく私と同じ境遇に身を置かれたら、多くの経営者が最初の拡張性を優先するだろうし、まして経営権の放棄など絶対にあり得ないと思う。

少し下世話な話になって恐縮だが、少なくとも未上場の中小企業経営者にとって、経営権というのは「俺のカネ／俺の生きがい」と同義みたいなものだ。それを放棄するなどという選択肢そのものがそもそもあり得ず、考えの俎上《そじょう》に載ることさえないだろう。

だが、私が育てたドン・キホーテは、経営権を放棄しなければ多店舗展開ができないのだ。今でこそ、権限委譲と主権在現は、ドンキの十八番《おはこ》のようなもので至極当り前になっているが、当時の私は、まさに「身を捨ててこそ浮かぶ瀬もあれ（捨て身の覚悟があってこそ成就できるの意）」の心境だった。

白状するが、そこに至るまでのおよそ二年間は、毎日がボトルネックの連続で、文字通り煩悶、懊悩《おうのう》、葛藤しながら、のたうち回るように悩みに悩み続け、私なりに壮絶な決断の連続を余儀なくされたというのが実態である。

繰り返すが、普通の経営者はそんなことはしない。業態を簡素化して（他と同質化した店を）多店舗展開するだろうし、簡素化しないのであれば、拡張などには手を出さず、

「俺にしかできない店」を二～三店やって終わりだろう。

私はそのどちらをも拒否して、ややカッコをつけて言えば、誰もやらない「たった一人の流通革命」の道を選んだ。それにより「私の運（個運）」が、「私たちの運（集団運）」へと変わり、結果として、とてつもなく巨大な運を招いた。いわば、ちっぽけな身を捨て、代わりに年商二兆円規模の国際流通企業という莫大な果実を引き寄せたわけである。そういう意味では、「たった一人の流通革命」が、「業界を震撼させるような流通革命」にまで行き着いたと、私は解釈している。

GMS再生でも生きた権限委譲と個店経営

ドンキ流の「権限委譲」と「個店経営」は、のちにGMS（総合スーパー）といった他の業態でも応用可能だった。

当社は二〇一九年一月、総合スーパーのユニーを買収した。ユニーは一九一二年に創業、「アピタ」や「ピアゴ」などの業態を展開している。九〇年代から二〇〇〇年代にかけて中部地方に集中出店をおこない、着実に収益を拡大してきたが、イオンやセブン&アイ・ホールディングス、様々な専門店チェーンとの競争が激化。一七年二月期の最終損益は五百六十五億円の赤字に転落していた。

それが、ドンキによる買収後は見事な復活を遂げたのである。二三年七～十二月期の営業利益は百九十二億円、営業利益率は八・一％となり、他のＧＭＳは軒並み数字が落ち込んでいるなか、〝一人勝ち〟の様相を呈している。

ユニーの成功要因は、まさに「権限委譲」と「個店経営」の手法を取り入れたからに他ならない。まずは売り場担当を二十以上に細分化。そこに配置したパートやアルバイト従業員に、商品の調達から棚割り、値付け、在庫管理まで全ての業務を任せた。彼ら彼女らは、「どうすれば目標の粗利益率を達成できるのか」「どういう販促をすればお客様が集まるか」を必死に考えるようになり、凄まじい情熱と熱意の渦が巻き起こった。それが好循環を生み出し、現在の業績へと繋がっていったのである。

「権限委譲」の本質は、狭くて深い

第四章で「嫉妬の怖さを認識していないと衰運を招く」と指摘したが、嫉妬というのは、とてつもないエネルギーを秘めている。

そんなパワフルで恐ろしいものの餌食になってはいけないというのが第四章の主張であ

ったが、場合によっては例外も存在する。すなわち、**権限委譲した身内だけの社内においては、そうした人間の原初的な嫉妬や悔しさを否定せず、むしろ積極的に引き出して前向きに張り合わせようとしている**のだ。

こんなことを言うと、「対抗意識を煽っては、足の引っ張り合いになってギスギスするんじゃないか」という反論が出てくるかもしれない。だがＰＰＩＨには、そうした足の引っ張り合いを防ぐ仕組みがしっかりと備わっている。

一番のポイントは、当社の「権限委譲」の本質が、狭くて深いということにある。一人一人の社員が商店主となっていて、取り扱う部門もかぶっていないため、他人の足を引っ張っても自分の売上は上がらない。どうしたら商品が売れるかを、自ら考え抜くしかないのだ。逆に、権限委譲の範囲が広くて浅いと、商品がバッティングして、互いに足の引っ張り合いになってしまうだろう。

一般的な商店街を思い浮かべてほしい。乾物屋、文房具屋、肉屋、八百屋など様々な種類の店が並んでいるが、商品はかぶっていない。だから、他店の営業を妨害しても、自分の店に客が来るわけではない。各店が頑張って繁盛してこそ、商店街全体に活気が満ち溢れ、集客力も上がっていくという好循環が生まれるはずだ。

　ドンキの店舗でも全く同じことが言える。「狭くて深い」の本質は、まさにここにあると言えよう。

「私の成功」ではなく「私たちの成功」

　前述したように、多くの経営者にとって「経営権の放棄」は絶対にあり得ない選択のように思えるだろう。

　とりわけ中小企業の経営者たちはいずれも、ゼロから会社を立ち上げ、必死になって育ててきた。自己を無にして権限を委譲するというのは、今までとエネルギーの使い方が全く異なるので、それを同一人物がやるというのはかなり難しい作業になる。

　だが、経営者の自我が強いうちは、個人の運も組織の運も、決して良くなることはない。「俺が、俺が」と自分の成功だけを考えていると、従業員は誰も協力してくれなくなるのだ。言ってしまえば、「何であなたの金儲けに、私たちが協力しなきゃならないの？」という話である。とりわけ、われわれが携わる小売業の仕事は楽ではない。店主の金儲けのために、身を粉にして働けるわけなどないではないか。

　少なくとも、人が集まる会社においては、「自分（経営者）の成功と幸せ」を「私たち

（社員）の成功と幸せ」という複数形にしなければ、決していい運はやって来ない。これは第五章で説明した「主語の転換」とも言えるだろう。経営者の成功を優先する会社と、経営者が節度を持って自己を抑制する会社、どちらが社員の満足度が高いかと言えば、後者に決まっている。**経営者が自己抑制的にならないと、組織の運は良くならないし、とりわけ中小企業から大企業への脱皮は難しい。**

偉そうに語ってきたが、私も二十代、三十代の若かりし頃は、自己を抑制できていなかった。常に「俺が、俺が」と自分のことばかり考えていたのだ。そのせいで従業員とも信頼関係が結べず、何度も煮え湯を飲まされた。

例えば「泥棒市場」の時代は、従業員による不正が横行していた。金はなくなるわ商品はなくなるわで、「泥棒市場」が泥棒にあったようなものだった（笑）。レシートとレジの合計金額を突き合わせてみると全然合わないのだが、そこでクビにすると従業員がいなくなって困るから、仕方なく雇い続けていたこともあった。

卸売業の「リーダー」では、ある日突然、営業マンが一人もいなくなった。彼らは顧客リストを持って出ていき、あろうことか別の会社を立ち上げたのである。残ったのは経理の人間だけで、もぬけの殻となった事務所で私は頭を抱えた。

そんなこんなで、若い時の私は、とにかく運に見放されていた。流れが来ても「個運」止まりで、「集団運」にまで昇華しなかったのである。毎日のように「こんな仕事、早くやめたい」と思っていた。ちょうどその頃、不動産業界はバブルに沸いており、「今からあっちに行こうか」と迷ったこともある。

ところが年をとっていくと、だんだん自我が弱まるものだ。自己分析をしてみると、私自身が人間として、また経営者として目に見えて伸びたのは、五十歳を過ぎてからだったと思う。自分に囚《とら》われなくなってから風向きが変わったのだ。当社が「集団運」を発揮して、単なる急成長から、中長期的な大成長へと向かい始めたのも、やはりその頃からだったと思う。

私はちっぽけな身を捨てることで、年商二兆円規模の国際流通企業という莫大な果実を手に入れた。「個運」を「集団運」に転化させるコツは、「私の成功」ではなく「私たちの成功」を目指すことなのである。

「集団運」に見放された現在の日本

さて、ここでいきなり天下国家のことを持ち出すが、残念ながら現在の日本は、「集団運」から見放されているように思う。

日本はバブル景気の終了後、「失われた三十年」を味わったが、現在も世界経済の中でまさに〝一人負け〟のような惨状を呈している。これは明らかに「集団運」の欠落によるものだと私は考えている。

若い読者にはイメージしづらいかもしれないが、戦後の我が国がどのように発展していったのか、その歴史を少しだけ紐解いてみよう。

一九四五年の敗戦後、日本は焼け野原のなか、ゼロというよりマイナスから経済復興をスタートさせた。驚くべきことに、その後わずか二十五年ほどで、わが国は世界でも有数の経済大国にのし上がったのである。一九六〇年代には毎年のように実質成長率が一〇％を超える年が続き、東京オリンピックは戦後復興と高度経済成長の象徴となった。

なぜ日本はここまでの急成長を遂げることが出来たのか。

終戦後、兵隊となっていた約七百万の人々が復員し、家庭や親元へと戻っていった。彼らはその後、どんどん子供を作り、その子供たちは社会に巣立っていった。その結果、「人口ボーナス」が発生した。生産年齢人口が子供や高齢者に比べて多くなり、それによって経済成長が促進されたのである。

この頃の日本は、未来に対する明るい希望に満ちていた。少なくとも、高度成長期における日本の働き手たちは、素直かつ楽観的に明日を捉えていた。彼ら彼女らは、「頑張れば明日はもっとよくなる」、「明日はもっと幸せになる」と信じて、驚くほどの密度と熱量でそれぞれの仕事に没頭したのである。そのパワーは結果として、国家的な経済上昇スパイラルを生んでみせた。

第三章では「楽観主義」を運の三大条件の一つに挙げたが、**皆が「今日よりも明日、今年よりも来年はもっと良くなる」という夢と希望を共有したことで、巨大な「集団運」が発生した**と見ることができる。日本はその「集団運」を弾み車のように回していき、敗戦国から世界有数の経済大国へと一気に上り詰めたのである。

このような現象は他国でも見られる。ここ二十年くらいの中国の目を見張るような経済成長、グローバルサウスの発展も、同じような仕組みで成り立っている。「集団運」は万国に共通する構造的・本質的な成長要因と見なすことができるかもしれない。

「集団運」の副作用と落とし穴

日本はなぜ、経済と国家発展の原動力である「集団運」に見放されてしまったのだろうか。その理由としては、社会がある程度成熟したことに加え、「人口オーナス（少子高齢化により生産年齢人口の負担が増し、経済成長が阻害されること）」も挙げられるだろうが、また別の隠された要因もある。

それが「集団運」の副作用と落とし穴だ。**「集団運」がある種の極致に達すると、それが逆回転して自家中毒的なマイナス現象を引き起こす**のである。今の日本は、まさにこの状態に陥っていると言えよう。

経済発展が行き過ぎると、負の側面が現れてくるものだ。例えばエネルギー資源や天然資源の乱獲、公害、富の偏在（貧富の格差の拡大）などを挙げることができよう。人はそうした問題に直面すると、それまで享受してきた恵みを忘れてしまい、思考回路にバイアスがかかって悪い方へ悪い方へと陥っていく。さらに、メディアが問題を大きく煽るため、バイアスは加速していくことになる。

こうして社会はどんどん悲観論に傾いていく。「もっと悲惨なことが起こるかもしれない」と、明日への明るい気持ちを急速に失っていくのだ。「このまま行くと未来はヤバいかもしれない」、「取り返しがつかなくなるんじゃないか」と皆が言い始め、斜に構えたような非生産的な言説が流布・伝播していく……。今の日本はそんなおかしな状況に置かれている。これでは「集団運」など望むべくもない。

「集団運」を落とさないために『源流』を作った

私は日本の現状を見て、率直にこう思っている。

「いやいや、ちょっと待って欲しい。昔は明日が良くなると思って頑張って、それで結果も出ていた。余計なことに囚われたりせず、粛々とそのまま頑張り続けていれば良かったじゃないか」

楽観から少しでも悲観に転じた時、あるいは未来を疑った瞬間に、運はガタガタと音を立てて崩れ落ちて行く。とりわけ「集団運」には、その特徴が強く出る。だからこそ私は、PPIHが「集団運」を決して落とさないために、『源流』という企業理念集を渾身の思いを込めて編んだのだ。

それはともかく、希望的観測も含めて、日本は今後いくらでも良い方向に向かうと私は信じている。

現在の日本は、国際的に見ても起業率が非常に低く、逆に企業の統廃合率が増加の一途にあるなど、全体的に〝萎縮〟ぶりが顕著で、社会・経済全体の活力が著しく低下している。また、日本銀行によると、個人の金融資産の総額は二千兆円を突破しているという。長らくゼロ金利が続いてきたにもかかわらず、莫大なお金がただただ貯めこまれ続けてきたのだ。このお金を何とかして活発化し、消費と投資へと向かわせなければならない。

そのためにも、未来ある若者たちのなかから、たくさんの起業家が出てくることを期待する。**果敢な挑戦をする個人や会社がどんどん増えれば、日本全体の富も幸福度も地位も上昇していき、〝一億総ハッピー〟に近い状態になる**はずである。

もちろん、起業には失敗がつきまとう。成功する確率は、昔も今も決して高くないのが現実だ。ただ、成功した時に得られる果実の量は莫大なものとなる。「幸運の最大化」によってのみ、失敗の損失（不運）は消し去ることができる。本書で主張していることを是非、個人レベルでも企業レベルでも、さらには国家レベルでも実践して欲しいものである。

第六章のポイント

- □当社の連戦連勝の裏には、ずば抜けた「集団運」の強さがある。
- □「個運」を「集団運」に転化させるためには、経営者の情熱の渦に従業員を巻き込まなければならない。
- □「集団運」の最大のカギは、現場への徹底した「権限委譲」。
- □「私の成功」ではなく、「私たちの成功」を目指す。

コラム④　『源流』は「集団運」を上げる虎の巻

私はドンキの創業間もない頃から、明確な企業理念策定の必要性を痛感していた。ただ、自分の中で具体的なイメージがなかなか結実しないまま、抱えきれないほどの業務に忙殺され、日々を駆け抜けるだけだった。

一方、経営者としての私には、数々の修羅場を含む経験と知見が積み上がり、さらに上場も挟んで私なりの覚悟も定まり、本書で開陳しているような運との関わり方を含む、独自の経営哲学と言えるようなものが固まってきた。そして、「これを言葉として可視化し、当社の企業理念集を作らねば」と改めて思った。『源流』の初版本が刊行（二〇一一年）される四、五年くらい前のことである。

そう思い立った私は、国内外の一流と呼ばれる企業の理念集を片っ端から取り寄せ、それらを徹底的に見比べてみた。しかし、どの会社の理念集を読んでみても、私には全然ピンと来なかった。いずれも上から目線で、キレイごとが並べられているだけにしか思えなかったからである。

当社らしい、魂のこもった企業理念集をどう作ればいいのか。参考になるものがないから、私なりに色々と思案して試行錯誤するのだが、これがなかなかの難題で、ボトルネックから抜け出せない状態が長らく続いた。

『ビジョナリー・カンパニー』と『源流』

そうして苦しんでいる時に、たまたま出会ったのが、世界的名著である『ビジョナリー・カンパニー』（ジェームズ・C・コリンズ）である。

同書は長期にわたって繁栄し、企業価値を上げ続ける企業（ビジョナリー・カンパニー）の共通項について、予断や主観なしに自然科学的手法で解き明かした稀有な書である。

一世を風靡《ふうび》した会社の多くがダメになっていく中で、ごく少数の会社だけが存続して発展し続けることができる。その秘訣は何なのかと言えば、やはりビジョンが明確で、多くの社員がそのビジョンに賛同し、一人ひとりがビジョンに基づいた行動をしている、といったことが記されているのだ。私は経営書というものをあまり読まないのだが、この本にはこれまでにないような深い感銘を受けた。

私はこの『ビジョナリー・カンパニー』にも触発され、ある種のベンチマークとしながら、不退転の決意をもって『源流』の起草・執筆活動に取りかかった。

『ビジョナリー・カンパニー』は「集団運」の書

もう一つ、私が『ビジョナリー・カンパニー』で感動したのは、そこで扱っている内容が「集団運」と大きくかかわっていたことである。当時は三巻まで翻訳・発売されていたが、それらを読み返しながら、私は何度も膝を打った。

実際に、同書に出てくるキーワードやテーマを挙げてみよう。例えば「弾み車」、「BHAG（ビーハグ：社運を賭けた大胆な目標）」、「だれをバスに乗せるか――最初に人を選び、その後に目標を選ぶ」などは、まさに「集団運」をどう強化するかを説明するものといっても過言ではない。さらに、シリーズ最新刊となる四巻の第七章では、「運の利益率」と題して、運についてのケーススタディと考察に数十ページを割いているのだ。

こうしたことからも、同書のタイトルを「ビジョナリー・カンパニー」ならぬ「UN（運）・カンパニー」と改名してもいいのではないかと、私は勝手に思っている。

いずれにせよ、同書を大いに参考にした『源流』は、当社独自の「集団運」を上げる、まさに虎の巻のような理念集になったと自負している。

「集団運」を落としかねないチェーンストア主義

ところで、話は変わるが、読者の皆さんは、チェーンストア主義というのをご存じだろうか。これはアメリカで生まれた流通小売業の経営手法であり、各店舗の仕入れや品揃え、プロモーション、採用などを本部で一括して行い、各店舗は販売とオペレーションに専念することで効率化を図るという手法だ。

要は、当社の「主権在現」による個店主義とは全く逆のやり方であり、それがこれまでのわが国における、大手流通企業の必勝戦略だった。そのチェーンストア主義がこの四半世紀くらいの間に、明らかな逆回転を始めている。GMSと呼ばれる総合量販業態の凋落が、それを雄弁に物語っていよう。

その要因を一言でいえば、モノ不足（需要過剰）からモノ余り（供給過剰）時代へという、この間の消費価値観激変への対応不全ということになるのだが、私の見方はこうだ。先発大手流通企業が失速して、当社がそれにとって代わるような存在になれたのは、彼らがわざわざ、「集団運」の強化とは全く逆のことをやってくれたおかげだと思っている。どういうことだろうか。

チェーンストアのやり方は、あたかも工場のベルトコンベアのようなもので、各店は同質化した〝販売マシン〟に徹するというもの。それが成熟化・多様化した現代の消費ニーズに応えられないのは言うに及ばず、徹底した個店主義の当社とでは、その戦意（販売力）においても大きな差が開く一方なのは自明の理だ。

不思議なもので、お客様は「集団運」の強い店に、まるで引っ張られるようにして集まってくる。店から、目に見えない〝集客オーラ〟のようなものが出ているのかもしれない。いずれにせよ、この時代のチェーンストア主義は、「集団運」を落とす典型的な施策と言えるのではないだろうか。

第七章　自燃・自走の「集団運組織」をどう作るか

経営者の一歩より社員の半歩

本章では「集団運」の実践・応用編として、具体例やノウハウなども交えながら、さらにその実態と本質に迫ってみたい。

まずは、「集団運」を生み出すための、トップの資質について考えていこう。

経営者自身の意欲や能力は際立って高いのに、会社自体の業績はパッとしないというケースをよく目にする。そういう経営者に限って「うちの社員はバカばっかり」と文句を言うのだが、私に言わせれば「何を言ってんだ」と呆れてしまう。「社員を使いこなせないあなた自身が一番バカじゃないか」と返してやりたいくらいだ。

あまり認識されていないが、「経営者の一歩より社員の半歩」の方が、会社にとってははるかに重要である。経営者が孤軍奮闘《こぐんふんとう》するよりも、社員一人一人が熱意をもって仕事に取り組んだほうが、会社は何倍も大きく前進する。これが分からないうちは、経営者にはなるべきではない。

経営者がやるべき一番大きな仕事は、それぞれの現場で働く人たちをその気にさせ、自燃・自走する「集団運組織」をいかに作り上げることができるかだ。

どう「集団運マジック」状態を作るか

もっと言えば、経営者自身のハードワークより、社員や現場従業員の人たちが、自ら燃え上がる燃焼体となって、皆で熱く駆け抜けるように自走する組織を作り上げ、そのための燃料を惜しみなく配給し続ける能力こそが、経営者には不可欠になるのだ。

では、**その燃料は何かというと、その都度、議論・検討される創造的プロジェクト、ボトルネックを抜け出し、輝ける未来を予感させるような提案である。経営者は常にそういうものを提示し続けなければならない。**

それにより社員たちが、「あっ、これ面白そうだからやってみよう」とか、あるいは「これは期待されているからきちんと応えよう」とやる気になり、そんな気持ちが二つも三つも重なって、自燃・自走する組織になった時の突破力は、そうでない組織のそれとは比較にならないくらいの差がついて、そこに属している人たち本来のレベルをはるかに超越した結果が生まれる。これが当社の「集団運マジック」状態であり、躍進の秘密だ。

多くの人たち（社員）の、「皆でやろうよ」「こうしようぜ」という熱量が最高潮に達し、店舗、人材、商品のスピード調達と開発につながって、あっという間にドン・キホーテが全国制覇を成し遂げたというのがその実態である。

「人格」に勝る能力はなし

少なくとも我々、流通小売業に従事する者にとって、究極の能力は何かと問われれば、迷わずに私は「人格」と即答するだろう。「この人のためなら一生懸命やってやろう」と、部下や周りの人たちに思わしめる能力に勝るものはない。そしてそれを突き詰めれば、最終的にはその人独自の魅力や人間味、言い換えれば人格そのものに行き着くのだ。

第一章でも触れたように、運の感受性の多くは「人間対人間」の問題に帰結する。要するにここで言う人格とは、主に人間共感能力を指す。社員や現場の従業員たちにいかに共感して、「毎日ありがとう。大変な仕事だけど頑張ってるよね」と声をかけられるかどうかだ。いかに能力が高くて指示が適確でも、上から目線の店長などには誰もついて行かない。これが流通小売業の現場の実相である。

いずれにせよ**人格は、強力な「集団運」を引き寄せる最大のキーワード**だ。経営者にはさらにそれが強く求められるということである。

もちろん私の場合は、立派な人格者どころか、未だに欠点だらけの男だ。逆にそうした自覚があるからこそ、常に自分を戒め、私なりに精進して安田隆夫という人間を必死に磨く努力を続けてきた。トップの人格が「集団運」に直結し、経営を大きく左右することに気づいたからである。特にドン・キホーテの株式上場後は、意識してそういう生き方、ふるまい方を、かなり厳しく自らに課してきたつもりだ。

たとえば『源流』に収録されている**「御法度五箇条」**（①公私混同の禁止／②役得の禁止／③不作為の禁止／④情実の禁止／⑤中傷の禁止 からなる）は株式上場（一九九六年）直前に私が自ら定めた当社の絶対的なルールだが、それにより最も制約を受けるのは誰あろう私自身だった。

真の能力とは「組織を動かす力」

それはともかく、改めて、上に立つ者に必要な能力とは何かを考えてみたい。能力には色んな種類や定義があるだろう。それは突出した才能や専門技能であったり、人より多くの売上や利益を稼ぐ商才かもしれない。どれも正解だろう。しかし会社の経営や店の運営という観点から言えば、真の能力とは「組織を動かす力」だと私は思っている。

それは「人を動かす力」とも同義だ。単なるスキルや勤勉さ、ＩＱの高さなどは、いずれもその決め手にはならない。結局それは、より良い「人間対人間」の関係を構築できる人格としか言いようがないのである。

もっとも、高い専門性や特殊な技術が求められる一部のＩＴ企業やベンチャー企業においては、何人かの天才がいれば、組織は回って行くだろう。そうした企業の経営者には、人格よりも専門スキルの優劣が問われ、現場で働く人たちもそうしたスキルを磨くことが最大のモチベーションになっているのかもしれない。

しかし、お客様という〝人〟が相手のサービス業は違う。全就業人口の約六割を占めるサービス業の現場では、いかに個人が有能でも、お客様とは一対一で接するため、人の何倍も仕事がこなせるわけじゃない。だからそのスキルの及ぶ範囲は限定的である。

何が言いたいかというと、小売業は個人戦ではなく団体戦、すなわちチームワークによるパワーの総量と優劣を競う戦いなのだということだ。そこでは、**いかにチーム要員のヤル気を喚起して、切磋琢磨による掛け算的な「集団運」効果を引き出し、かつチームをどうまとめあげていくか**という、リーダーの複眼的な力量が問われる。そしてそんなリーダーの究極の武器が人間力、言い換えれば人格ということになるのだ。

従業員たちに心の底から感謝する

人格を具体的に定義するなら、「共感能力」とも言い換えられよう。**企業のトップは、従業員の努力や苦労を知り、そこに寄り添わなければならない。**

全国にある各店舗では、従業員たちが現場の最前線に立ち、日々汗をかいてくれている。不満も多々あるだろうが、それらをなんとか腹におさめながら頑張ってくれているのだ。

ここで、第五章でも説明した「主語の転換」が不可欠になる。彼ら彼女らの立場になって、「こういうことを言われたら燃え上がるだろうな」と想像力を働かせるのだ。その際、「もっと儲けたい」という経営側の主張は一切封印しなければならない。

「日々忙しいなか、本当にありがとう。これからも是非、皆さんと手をとりあって盛り上がっていきたい」と、心の底から共感し、敬意を払うことができるかどうかだ。そうしたことを言える人物に、現場の人間はついてくる。

小売業は「大衆演劇」

少し話は逸れるが、元総理の田中角栄に人気があったのも、共感能力が高かったからだ。選挙区に帰った時には、あぜ道や田んぼで作業している人たちのところに、わざわざ長靴を履いて駆け寄って、「皆さんのおかげで新潟は大丈夫です。ありがとう」と頭を下げて回っていた。同じ元総理でも東大出の福田赳夫や中曾根康弘より、田中角栄のほうが圧倒的に人気が高かったのは、結局こうしたことに尽きる。インテリはなかなか、くさい台詞が言えないものだ。

小売業も本質的なところは全く同じだ。この業界は「大衆演劇」なのだから、多くのお客様や従業員の心を摑んで、化学反応を起こさなければならない。そのためにも、高い共感能力が求められるのだ。

こうした助言は、凡庸な経営コンサルには絶対に出来ないだろう。彼らはいわば、プールサイドのコーチのようなものだ。実際に泳いだことがないから、溺れる苦しみも分からないまま、プールサイドからあれこれと指示を出す。彼らは数字を見てプレゼンや資料を作るのは得意だが、現場の具体的なことに話が及ぶと何も答えられなくなる。

「集団運組織」を作るためには「人を動かす力」や「組織を動かす力」が必要だと述べたが、それができるのは結局、第一線の経営者というプロ選手しかいないのだ。

高らかに勝どきのメロディとリズムを奏でる

ところで、経営者の「個運」を、社員複数形の「集団運」に乗り移らせるには儀式、というかコツがある。経営者自身の欲望や野心、目指す経営目標などを、主語を転換して社員たちの立場に合ったテーマに置き換え、中身を少し変化させることによって、「個運」を「集団運」へと転化させるのだ。

このコツについて、もう少し補足すると、経営者の心の中で描く会社の方向性とか未来の展望といったものを、社員個々の人たちに主語を転換して、「これだったら燃えてやってくれるのではないか」という言葉に置き換え投げかけていくのだ。

やや上品に（？）例えてみれば、これはオーケストラの指揮者としての能力に近いかもしれない。指揮者のすぐれたパフォーマンスに合わせて、個々の楽器の奏者がそれぞれ最高の音を奏で始めることで、強力な組織のハーモニーが生まれて、高らかに勝どきのメロディとリズムが奏でられるというわけだ。それがドン・キホーテの「集団運」を支え、あっという間に当社が、ゼロから二兆円級企業に駆け上がる原動力になったのである。

話は逸れるかもしれないが、ここで、真に私の跡を継ぐ経営者に必要な能力とは何かについて述べておきたい。それは「**複雑な事象の本質を見抜いて単純化し、その上で色んな人を巻きこんで、理解から納得に落とし込んでその気にさせる。また、問題解決に向けての方法論を同時複合的に草案し、かつそれらを適時、変化対応して応用することのできる**

能力」である。理想が高すぎるかもしれないが、私の率直な思いであり確信なのでご容赦いただきたい。

少なくともこうした経営トップの能力の重要性に関しては、前述したようなＩＴ等研究開発型の企業も、当社のように多種多様な人材が集まって、多種多様な働き方をする複合型の企業も、全く同様ではないだろうか。

独自のお家芸——ゲームの共有化

ここまでは主に、経営者や現場トップの能力について述べてきた。ここからは「集団運」を良くするための社内の仕組みについて説明しよう。

繰り返しになるが、**私の「個運」が「集団運」へと転化し、それが弾み車となって組織が自燃・自走することで、「ミラクルの連鎖」が引き起こされ、現在のＰＰＩＨが出来上がった。**この「ミラクルの連鎖」なるものを、分かりやすく説明するのは難しい。なぜなら、私自身が意図して引き起こしたものではなく、私の力の全く及ばぬところで自発的に発生したものだからだ。

まずは、これまでを振り返ってみよう。ドン・キホーテ創業期、私は「権限委譲」を思いつき、仕入れから陳列、値付け、販売まで全てを、現場の人々に思い切って任せてみた。一方、信頼されて任された側は、情熱をもって仕事に取り組むようになる。そのうちに仕事が面白くなってゲーム化し、従業員には「勝ちたい」という強い気持ちが芽生えた。「どうすれば一番売れるのか」を必死になって考え、いろんなアイデアや方法を試みるようになったのだ。「権限委譲」によって、仕事が労働（ワーク）から競争（ゲーム）へと変わったのだと言える。

当然のことながら、勝つと嬉しいし、負けると悔しい。だからゲームはやめられなくなる。この繰り返しによって、皆のレベルがスパイラル的に上昇し、当社はもともとのポテンシャル以上の成果をあげることが出来たのだ。

つまり、「ミラクルの連鎖」を解き明かすカギは「仕事のゲーム化」であり、そのゲームを皆で「共有する」ことにあると言えよう。

ちなみに『源流』の社員心得・行動規範第八条にも、「**仕事を『ワーク』でなく『ゲーム』として楽しめ**」と明記されている。なおかつ、仕事を「ゲーム」に変えるための四大条件を次のように定めている。

①明確な勝敗（勝ち負けがはっきりしないゲームではない）
②タイムリミット（一定の時間内に終わらなければゲームにはならない）
③最小限のルール（ルールが多くて複雑なゲームは分かりにくくて面白くない）
④大幅な自由裁量権（周りから口を出されるゲームほど、やる気が失せるものはない）

こうしたルールを明確にしておかなければ、「仕事はワークでなくゲーム」と言っても、単なる掛け声やスローガンに終わってしまう。何の決め事もなく、精神論的に「ゲームを楽しむようにして働け」と押しつけるだけでは、どこかのブラック企業と変わらない。

権限委譲をする中で、自発的に仕事がゲーム化し、皆で切磋琢磨するようになる。これが当社のＤＮＡだ。どんなビジネス・経営書を読んでも、もちろんＭＢＡの資格を取っても、決して会得できない独自の〝お家芸〟だと自負している。

「集団躁状態」が「ミラクルの連鎖」の正体!?

こうした仕事のゲーム化は、どんどん伝播・拡大していき、全国の色んな店や支社同士でゲームが繰り広げられるようになった。タイムリミットは決まっているのだが、負けると悔しいので、「もうちょっとやらせてくれ」と夢中になる。まるで大会に参加しているゲーマーたちのようなもので、いわば「集団躁《そう》状態」になるのだ。皆で「うわーっ」とゲームに熱中して、もの凄い上昇気流が発生し、気がついたら、私も含めて全員が、とんでもない高みに達している……。これが「ミラクルの連鎖」の正体ではないだろうか。

ドン・キホーテを創業（一九八九年）して、株式を上場（一九九六年）するまでの間は、いつもこのゲームの繰り返しだったように思う。その後は、仕事のゲーム化の驚くべき効果を認識し、確信犯的にそれを繰り返した。

それにしても、あの頃の濃密な熱気と情熱のスパーク、それらが一体化した大きな渦が懐かしい。大げさでも何でもなく、あのミラクルの連鎖という現象がなければ、ＰＰＩＨは絶対にここまでの規模には到達できなかったはずである。

ドンキ名物「D鉄」とは

「仕事のゲーム化」と「集団躁状態」が分かりやすい形で表れているのは、ドン・キホーテで毎年開催される「ディスプレイの鉄人（通称、Ｄ鉄）」コンテストだ。

Ｄ鉄とは、営業支社単位でチーム（ペア）を結成し、ディスプレイのレベルを競って予選を勝ち抜き、決勝戦にて「鉄人」を決める社内イベントである。開始の合図と同時に競技者は、商品名・画像・売価・粗利益率、また各商品について売上・点数・粗利のどれを重視すべきか、最低陳列量や十分陳列量が記載された一覧表を受け取り、制限時間内に棚を完成させなければならない。レジェンドと呼ばれる役員や、かつての優勝者たちが採点をおこない、総得点数によって勝敗が決まる仕組みだ。

外部に会場を借り切るのだが、これが毎回大いに盛り上がる。圧縮・粗利・見ばえを総合的に考えながら、短時間でディスプレイを仕上げていくのは神業である。こんな仕事はAIには出来ないだろう。勝って嬉しい、負けて悔しいで、出場者は皆一生懸命に取り組んでいる。陳列をおこなう横では応援団が歓声をあげ、司会も負けじと盛り上げる。

この「D鉄」は全社レベルのものだが、こうした催し（ミニイベントなど）や、ゲーム化した各種フェアなどが、各支社・各店で個別かつ自発的に繰り広げられ、現場ではそれを互いに競い合い、日常的に楽しんでいる。それが皆を情熱の渦に巻き込む。そういう要素が日々、現場で生きているのだ。

皆で素晴らしい未来を一緒に作らないか？

「D鉄」で優秀な成績を収め、ガッツポーズする参加者

D鉄の例からもよく分かるように、当社には「情熱の渦」のようなものが存在していて、それが「集団運」を弾み車のように回してくれた。その渦の発生源は、恥ずかしくてあまり言いたくないのだが、やはり創業者の私自身だと思っている。人を巻き込む力とか、人を呼ぶ強い磁力のようなものが、私には備わっているようだ。

これを天賦の才と呼べるのか否かはともかく、目には見えないこの力こそ、私にPPIHの創業経営者としての成功をもたらしてくれた最大要因かもしれない。もちろん私も、この才能に磨きをかけるべく、前述したように、それにふさわしい私なりの人格と人間的魅力の形成に向けての努力を惜しまなかったつもりだ。

そしてもう一つは、**私の自己実現へ向けての**

心の内圧と情熱が、人並み外れて強かったこと。もともと私に備わっていたそれら二つが重なり合って、前述した「情熱の渦に巻き込む力」という弾み車が生まれた。そしてその弾み車は細胞分裂のごとく増殖し、さらにその後はそれらが自走するようになって、どんどん加速して行ったのである。

もっと具体的に描写してみよう。周りの人が私のある種のキャラに共感して〝安田ワールド〟に引きずり込まれ、皆うまく乗せられて、また乗せた張本人の私も俄然《がぜん》それが楽しくなり、改めて自ら乗ってしまって、一緒にワーッとやっているうちに、さらに面白くて夢中になり、気がついたらそんな渦があちこちで発生して……という具合だった。いずれにせよ、そうした「集団運」循環による強烈な上昇スパイラルが、初期のドン・キホーテの爆走要因に他ならない。

じつは『源流』には、直截的に表記はしなかったものの、私が各行間に万感の思いを込めた〝隠れメッセージ〟がある。それは、「皆で素晴らしい未来を一緒に作らないか？」というものだ。もとより『源流』とは、創業者の私から、ＰＰＩＨの全従業員に贈る熱い応援歌でもあるのだ。

前述した「ミラクルの連鎖」も、巻き込む力にしても、突き詰めればすべての原点がここに凝縮されている。要するに私たちは、**目標を共有して一緒にゲームをして、それによる喜怒哀楽を分かち合える仲間**なのだ。

とある外部の私の知人は、そんな初期のドンキを見てこう評した。「まるでドンキは、学校の部活のようなものですね」と。当たらずとも遠からずである。

多様性が「集団運組織」の前提

また『源流』では、人材の多様性（ダイバーシティ）重視を謳っている。デリケートなテーマということもあり、『源流』における表現と解説は一般的なものに留めているが、この多様性にも、『源流』独自のメッセージが隠されている。さらに、「情熱の渦に巻き込む力」と同様、**間違いなくこの多様性も、当社におけるもう一つの弾み車だ**。

ところで読者の皆さんが思い描くダイバーシティの一般的なイメージとは、女性活躍社会、LGBTQ等のマイノリティへの理解と共生、ライフワークバランスの重視、といったところではないだろうか。もとよりそうしたものは、現代の企業が遵守すべき常識であり、当り前すぎるくらい当り前の概念であって、逆に言えば、わざわざ『源流』に記すまでもないことである。

『源流』が言うところの多様性は、第二章で触れた「得手に帆を揚げる（得意なことを突き詰めること）」と同義だ。さらにその本質は、「**『誉める』とは、相手がひそかに誇りをもっていることを見つけ、認めることである**」（『源流』次世代リーダーの心得／第八条）という点にある。どういうことだろうか。

人間というのは、もちろん私も含めて、ほぼ誰もが、自尊心（プライド）と劣等感（コンプレックス）を、同時に内に秘めている。そして内面では、あたかも振り子のごとく、その両極に揺れ動いている不安定な存在、というのが人間の実相ではないだろうか。

もちろん、不得手なことを矯正し直そうと、一生懸命努力するのは大切なことだし、純粋な向上心がなさしめる尊ぶべき行為である。ただ現実問題として、こうした努力がストレートに花開くのは、子供時代から、せいぜい学生時代までだろう。

それなりに経験を積んで本格的に社会や人と向き合うようになったら、**短所やコンプレックスは無理に克服しようとするのではなく、むしろ自分の個性と認識して割り切るくらいが丁度いい**し、周りもそうした多様性を認めるべきである。

自らの得手や長所を徹底して掘り下げていくことに努力を傾注する方が、はるかに有意義かつ効率の良い仕事と人生を享受することができる。分かりやすく言えば、社会人になったら弱点には目をつぶり、自らの長所を伸ばすことに専念せよということだ。

世の中には、それぞれ多種多様な得意種目を持った人たちが存在する。個性が混ざり合い、ぶつかり合うからこそ豊かで味のある社会や企業が成り立つ。実際にＰＰＩＨは、それにより急成長をすることができた。すなわち弾み車が回ったのである。

逆に、皆が同じようなレベルで平均点を取る人材ばかり集まった役所のような組織は面白くも何ともなく、少なくともそこに、クリエイティブな活動や仕事など期待すべくもないだろう。理想的なのは、**一芸に秀でた人材が多彩に集合して、それぞれの弱点を補い合い、その結果として、各人が自らの一芸にさらに磨きをかけていけるような状態**である。

そうなれば、その企業、あるいは組織体は前人未到のレベルにまで達して、想像もつかないような強力なパワーを発揮するに違いない。当社が目指しているダイバーシティのゴールも、まさしくそこにある。いずれにせよ多様性は、「集団運組織」の前提であり、一丁目一番地でもあるということだ。

世界一強い圧倒的な現場力はどう生まれる？

さて、読者の皆さんに改めて問いたいのだが、そもそもなぜ、ドン・キホーテのような異形《いぎょう》な、非常に個性的な企業が、あれよあれよという間に巨大なメジャー流通企業になり得たのか——そんなストレートな質問をぶつけられたら、どうお答えになるだろうか。

通常、企業とか業態は、個性的であればあるほど、メジャーにはなりにくい。メジャーになるということは、一般的に個性が薄まるということだからだ。当社は、強烈な個性を維持したままメジャー企業になった。すなわち二律背反の解消、「ORではなくAND」を実現したわけだが、何がその最大の原動力になったのだろうか。

ズバリその答えは、当社が強力な「集団運組織」であることによってもたらされる、日本一、いや世界一強いと言っても差しつかえない、圧倒的な現場力と個店力にある。

北海道から沖縄まで、全国の当社店舗現場の士気と覇気と戦闘力はずば抜けて高い。「小売業は局地戦である」というのが、昔も今も変わらぬ私の持論である。日本一の店は必ずしも作る必要はない。商圏が限られているのだから、「地域チャンピオン」を何百も作れば、最終的に全体で日本一になれるという論法だ。実際、当社のほぼ全ての個店は、それぞれの商圏内で全戦全勝を続けている。

それを可能にするのは、現場社員はもちろん、最前線で働く約八万人にも及ぶメイトさんたちへの、思い切った「権限委譲」に他ならない。当社では、正社員以外のパート・アルバイトのことを、仲間という意味で「メイト（Mate）」と呼んでいる。

本章冒頭で「経営者の一歩より社員の半歩」と述べたが、ここでは「社員の一歩よりメイトさんの半歩」と言い換えることができよう。『源流』には、「メイトこそ当社の宝」と明記されている。

「TDLのキャスト」と「ドンキのメイト」の共通点

読者の皆さんは「東京ディズニーランド（TDL）のキャスト」についてご存じだろうか。超人気のパート・アルバイト職で、学生の場合はキャストを経て、同社（オリエンタルランド）の正社員になる人もいるようだ。実はTDLのキャストと、当社のメイトさんには共通点がある。いずれも、組織に対する〝愛〟があるのだ。

もちろん、アルバイトを志望する段階では、両者の動機は大きく異なっている。TDLのキャストの場合は、幼少期からディズニーファンであるなど、かなりの熱量をもって応募する人が多い。対する当社のメイトは、「店から家が近い」とか「比較的時間給がいい」などの理由で応募してくる人が大半だろう。

〝変化〟するのは実際に仕事を始めてからだ。当社のメイトは「権限委譲」と「ゲーム化」によって仕事の面白さにどんどん目覚め、キャストの「ディズニー愛」にも負けない独自の「ドンキ愛」を醸成していく。そのまま正社員になるケースが多いのも、TDLのキャストとよく似ている。

TDLのキャストには、顧客に夢を与えるサービス精神とホスピタリティが求められると聞く。当社のメイトは、それに加えて、顧客に利益と楽しさを与える多面的なオリジナリティが求められる。決して張り合うわけではないが、より創造性と付加価値、社会貢献度の高い業務だと私は認識している。

「指示と命令」ではなく「感謝とお願い」

そんなメイトさんたちを含めて、現場の人たちの力を引き出し、より良い「集団運」を引き寄せる最大のキーワードが「感謝とお願い」だ。決して「指示と命令」ではない。

少なくとも私は、いつも現場の人たちを最大限にリスペクトし、心の底から感謝している。その上で「お願い」をすれば、彼ら彼女らは意気に感じて、いかようにも動いてくれるものである。当社に求められるリーダー像とは、そうした善循環を自然に回せる者だ。

たとえば、メイトさんたちに対して「ベストを尽くして頑張って欲しい」というのは、あくまでこちらの言い分だ。それを封印して、「皆さんは本当に素晴らしい。これまでの仕事に敬意を払う。心から一緒にやっていきたい」と熱っぽく言われるのと、単に上から目線で、「頑張れよ、いい店を作れよ」と素気なく指示されるのとで、どちらが盛り上がるかは、考えるまでもないだろう。

前述したように当社は、年齢、性別、国籍はもとより、様々な生活背景とキャリア、主義・主張、価値観を持った、文字通り多様な人たちが集う、ダイバーシティの坩堝《るつぼ》のような組織だ。特に現場はその要素が色濃い。

そうした中、多くの人たちの気持ちが一つになり、皆が情熱をもって上昇の渦に巻き込まれながら、目指す方向に突き進むことができるというのは、本来もの凄く価値とレベルの高いことであり、大いに誇るべきことだと思っている。こうした状態は、「感謝とお願い」からしか生まれ得ないことだけはご理解いただけよう。

災害時に現場が自主的に行動

一方、「感謝とお願い」は、当社独自の権限委譲とも一対をなす概念だ。**人は信じて頼まれれば、自ら考え、動いてくれる**ものである。言い換えれば、単なる「指示と命令」では不可能な、創造的な業務とより高次元な経営、さらには企業イメージの向上等にも繋がっていく。

例えば、東日本大震災や熊本地震の際、被災エリアのドン・キホーテ各店では、どこよりも早く飲食料品と必需品の販売を再開。停電でレジが打てなくても各自で電卓を持ち出し、手打ち販売をしてインフラとしての機能を果たした。さらには、無料の炊き出しをおこない、保存のきかない食品をお客様に差し上げるなどして、被災地域の方々に大いに感謝されたのである。

これらは全て、本部の指示や私の命令でおこなわれたわけではない。現場の判断で自主的におこなわれたことである。日頃の業務が「指示と命令」だけで回っていたなら、災害に際して従業員たちは一切動くことはなかっただろう。「感謝とお願い」をベースにした「権限委譲」を、この時ほど誇りに思ったことはない。

モチベーションを上げる「傾聴の会」

話を戻そう。当社のメイトさんは総勢約八万人という巨大な規模でありながら、どうしてそんな「権限委譲」が可能になるのだろうか。

その答えは、**当社社員がメイトさんたちと心と心がつながるコミュニケーションを最重視し、彼ら彼女らの心の襞《ひだ》とも言うべきものにまで全面的な配慮と信頼を寄せ、文字通り性善説に基づく権限委譲を行っている**からである。

それにより、時間給の多寡とはまた違う、メイトさんたちのモチベーションと誇りを最大限に高め、彼ら彼女らの前向きな承認欲求を叶える仕組みをつくれているということになる。これこそが、これまで誰も言わなかったドン・キホーテの真の強さの秘密であり、前述した個性の本質でもある。

ちなみに当社では、支社長などの幹部社員や現場の管理職社員が、定期的にメイトさんたちとの「対話集会」を開催している。「対話集会」と銘打っているが、基本的に社員は聞き役に徹する「傾聴の会」というのが実態である。

この会では、メイトさんたちに現場での不満や要求も含めて、それこそ好き勝手なことを言ってもらう。社員は疲労困憊《こんぱい》するそうだが、とにかく喋らせて誉める、惜しみなく誉めるのだ。人は認められればそれに応えようとするが、これを「返報性《へんぽうせい》の法則」と言うらしい。逆に「ここが足りない」などと叱られたら、やる気を失ってしまうだろう。だから、**足りているところを十二分に評価してあげるのがポイント**だ。

話を聞いて誉めることで、メイトさんたちのモチベーションは急上昇し、戦闘モードも高まることになる。彼ら彼女らが一丸となって「フォア・ザ・チーム」の結束もますます固くなり、善循環と上昇スパイラルが発生する。こうした状況を維持するのが、当社の現場リーダーに求められる最大の資質である。

独裁は組織を衰退・滅亡へと誘う

さて、この章の最後におさらいも兼ね、「集団運」を引き寄せる経営者の心構え、さらには「強運経営者」と「凶運経営者」の違いについて考察してみよう。

まずは『源流』マネジメントの鉄則九箇条の解説文抜粋をご覧いただきたい。

「信頼と尊敬の善循環」↕「権力と迎合の悪循環」

当社では、いくら仕事が出来ても、職位にふさわしい人望と徳望が備わっていなければ、上司として評価されることはない。少なくとも当社グループが目指すところは、部下を信頼する人望のある上司と、そんな上司を心から尊敬する部下が織りなす『信頼と尊敬の善循環』である。

その真逆のパターンが、人望がなく権力を振りかざすだけの上司と、そんな上司に媚びへつらうようにして従う部下、という関係である。ちなみにこういう部下に限って、自分が上司になった時に、かつて自分が上司にしてきたことを部下に強要する。そうして自分自身が、権力を笠にきた最低の上司になる……。これが『権力と迎合の悪循環』である。

さらに、「恐怖と服従」をベースにしたような上司と部下の関係――これこそ当社が最も忌み嫌うものである。厳に戒めなければならない。

『源流』マネジメントの鉄則九箇条解説文より抜粋

要約すると、当社ＰＰＩＨグループは「独裁」を決して許さないということである。ちなみに私は、**独裁というのは「権限委譲」の究極の反対語**であるとの認識をしている。部下から全ての権限を奪って盲従を強い、仕事において創意工夫する力を失わせるからだ。少なくとも、独裁からは何も生まれない。それどころか組織の集団運を著しく落とし、衰退から滅亡へと誘う。古今東西の歴史と世界情勢を眺めれば、その実例は枚挙に暇がない。いまだ残存する独裁国家の悲惨な現状はもとより、あまたの独裁経営企業の末路が雄弁にそれを物語っていよう。

もともと独裁は、数百年前の世界では、非常に有効な統治の手段として認識されていた。例えば、中世ルネサンス期の政治思想家であるニッコロ・マキャベリは、リーダー論の古典とされる『君主論』の中で、「(君主は)愛されるより恐れられよ」と説いている。強力な君主による独裁的政治の必要性を主張していたわけだ。

中世のヨーロッパでは、日本の戦国動乱時代同様、血で血を洗うような侵略戦争があちらこちらで繰り広げられていた。過酷かつ弱肉強食の世界であり、一瞬でも油断をすれば足元をすくわれる。国家のトップに圧倒的な権力を与え、恐怖で国民を支配するのが、もっとも手っ取り早い方法だったのだろう。

だが現代は、一部の国やエリアは例外として、基本的に人々が自由を謳歌する平穏な時代である。わが国を含む民主国家においては、働く人は職業選択の自由も保証されている。マキャベリが生きた中世とは、そもそも前提条件が大きく異なる。

こうしたなか、独裁国家で暮らしたいか、自由と民主主義を重視する国家で暮らしたいかを問われれば、大多数の人が「後者」と即答するだろう。国民の側に「主語を転換」して考えれば、ごく当たり前の話である。これは会社でも同じだ。高圧的なトップのもとで働くよりも、個人の意志を尊重するトップの下で働きたいというのは、誰もが願うことだろう。

最悪なのは「恐怖と服従」の部下への強要

一方、主語を経営者へと変換してみよう。従業員たちを思うままに動かしたい経営者の脳裏にまず浮かぶのは、「舐められたら終わり」という考えだ。そうした考えを持つトップにとって、「恐怖と服従」を利用した威圧的・高圧的な経営は、最も容易で効率的な手法となる。自己の陶酔感とプライドの充足にもつながるから、安易にこの手法に頼る人間がいまだに多いのも事実だ。

とりわけ最悪なのは、次のようなケースである。はっきり言って、確信犯的にこういうことをする輩に、私は強い嫌悪感を覚える。

ケース①／滅多に笑顔や白い歯を見せることなく、いつも気難しそうな表情をしており、部下から見て何を考えているか分からない素振りや発言が常である

ケース②／部下や従業員が予想もしていない場面で、突然豹変して激怒したりキレたりする。中でも悪質なのは、場の雰囲気を壊したくないという皆の空気が醸成された時などに、敢えてそれに冷や水をかけるようにして、突然、権力を持つトップがキレて、否応なしに皆を萎縮させる等のふるまい

ケース③／自らの意見への反論を拒絶するのみならず、その反論の根拠たるファクトやエビデンスそのものまで否定して、あくまで自分の意見を部下に押し通し強要する

私はこうした手法に走る経営者を、決して一流とは認めない。言ってしまえば、三流、四流レベルの経営者だ。今どき反社やマフィアの親分じゃあるまいし、威圧感を前面に出さなければ組織を統率できない時点で、評価はゼロどころか明らかなマイナスである。

これは経営者だけでなく、現場のトップや役員にも同じことが言える。皆が和やかに談笑しているところに、冷や水をかけるようにして威圧する……創業期のドン・キホーテでは、そうした振る舞いをする者が何人かいた。多少能力があろうが、彼らには全員、会社からは出ていってもらった。

「恐怖と服従」で現場を萎縮させれば、短期的に業績が上を向くこともあるだろう。しかし、そうした手法に頼る組織は遅かれ早かれ瓦解し、最終的には大衰運を招いて滅亡することになる。私はそんな事例を、これまで嫌というほど見てきた。私よりはるかに能力が高くて、朝から晩まで死ぬほど働いているのに、いつの間にか消えていった経営者、もしくは、売上がたかだか数十億円どまりで、そこからなかなか上に行けない経営者は、大体この独裁者タイプである。

「強運経営者」と「凶運経営者」の決定的な違い

経営者にとって、「人格」に勝る能力はないというのが、私の変わらぬ持論である。

ここで言う人格とは、マザーテレサ的な慈善・慈愛型の人格とも、もちろん独裁者のようなカリスマ的な人格とも異なる。**人間への共感力をベースにして、「あの人と共に未来を夢見てみたい」と思わせるような人格**のことを言う。ざっくばらんで率直で、現場を威圧することなんて露ほども考えない。「あの人のためなら」と部下や従業員に思われ、慕われるような経営者でなければ、強い集団運組織を率いてはいけないということだ。

もっとも、かく言う私も偉そうに胸を張れるわけではない。実際、若い頃の私は、独裁的手法に走りたくなる誘惑に何度も駆られた。白状するが、威圧的な行為は苦手な方ではない。むしろ得意な方だと自覚している。実際、若い頃に社外の相手と戦った時は、そうした手法を何度か使ったこともある。

しかし**私は社内では厳しくそれを自制して、独裁の対極にある「権限委譲」を採用した。だからこそ、今日のＰＰＩＨグループの繁栄がある**と確信している。仮に独裁的手法で強引に組織をまとめていれば、ドン・キホーテは初期段階から大きく成長をしただろう。だがそれでは、どこまで行っても売上数百億円が関の山で、二兆円の企業になるなど、夢のまた夢だったに違いない。

一方で私には、「愛されるより恐れられよ」方式の経営をやったらオシマイという認識も確固としてあり、自分なりに強く自制してきた。そして、権限委譲による自燃・自走型の誇るべき集団運組織を、敢えて遠回りして時間はかかったが、じっくりと育て上げたつもりだ。ここにこそ、現代の「強運経営者」と「凶運経営者」の違いにおける、決定的なポイントがあると確信している。

第七章のポイント

□「経営者の一歩より社員の半歩」の方が、会社にとってはるかに重要。

□経営者の「人格」が最大のキーワード。従業員への「共感」によって、現場のやる気や情熱を喚起し、切磋琢磨による掛け算的な「集団運」効果を引き出す。

□人を動かすには「指示と命令」ではなく「感謝とお願い」。

□仕事を「ワーク（労働）」ではなく「ゲーム（競争）」として楽しむ。

□独裁は組織を衰退・滅亡へと誘う。

コラム⑤『源流』は究極の「リスキリング」の書？

ドンキがハーバードビジネススクールの教材に!?

先般、ドン・キホーテの成功が米ハーバード大学の著名教授により教材として取り上げられ、ハーバードビジネススクールで講義が行われたという内容の経済記事を読んだ（ダイヤモンド・オンライン「ハーバード大教授が『ドン・キホーテ』を教材に講義、学生との白熱議論の中身は？」）。ハーバードビジネススクールと言えば、ビジネスモデルの研究で世界の最先端を行き、あまたの優秀なＭＢＡ人材を輩出している。

そんなところで、わがドン・キホーテが、型破りなビジネスモデルとして研究対象になるというのは大変名誉なことだが、それにしても、時代が変われば変わるものだ。アンチチェーンで流通業界の異端児としか見られなかったドン・キホーテが、世界第一級のビジネススクールの教材として取り上げられるとは思いもよらなかった。

ただし、彼らがいくら優秀でも、いや、優秀であればあるほど、どれだけ研究・分析を重ねても、少なくとも彼らの知見と理屈からはドンキの実態と強さの本質、わけても

「集団運」といった概念には辿り着けないのではないだろうか。

ドン・キホーテの店現場は、同じＭＢＡでも、人生と人間関係におけるＭＢＡを取得できる、まさに「人間劇場」である。お客様たちをも含めた多種多様な人たちが、常に真剣勝負をしており、その結果、ドンキの圧倒的競争優位性を担保しているのだ。

「型破りなビジネスモデル」の本質は、じつはこの点にこそあるわけだが、世界の最先端ビジネスモデル研究の場の英知を集めても、それが解明されることはないはずである。そういう意味でも本書は、ＭＢＡの教科書などが及びもつかない、稀有な視点による実戦の書、さらには豊かな人生の書としての価値があるのではないかと自負している。

「リスキリング」が叫ばれる背景

それはともかく、近年はＤＸ（デジタルトランスフォーメーション）導入や、生成ＡＩ等の急速な進歩により、ビジネスのパラダイムが大きく変化しつつある。

これらの技術が積極的に導入され始めている背景としては、少子高齢化に伴う人手不足の深刻化があげられる。ＡＩをはじめとする最先端技術を最大限活用するためには、従業員一人ひとりが常に新しい知識・スキルを身につけなければならず、最近では「リスキリング（職業能力の再開発、再教育）」という考え方が重要視され始めているのだという。要するに、従前の働き方では、デジタルやAIにどんどん人間の職を奪われ路頭に迷いかねないですよ、というのが「リスキリング」に込められた本音と言えよう。

ところで、本章では「人格に勝る能力はない」とし、「人間対人間」のより良き関係の構築と切磋琢磨が独自の「集団運」を引き寄せ、それがドン・キホーテの世界一強い圧倒的な現場力を生んだことを、繰り返し述べてきた。

当り前のことだが、AIの能力がいくら高くても人格はない。いくらAIが人智を超えるような進化をしても、運の支配はできない。もちろん人間力ともAIは無縁だ。たとえばAIに、「君の気持ちはよく分かるよ」とか、「もっと一緒に頑張ろうよ」などと声をかけられたら、私だったらそのマシンを叩き潰したい衝動に駆られるだろう（笑）。

要するに当社の店舗では、AIには絶対出来ないことの集大成を、従業員たちが日夜繰り広げているということだ。少なくともそこには、AIにとって代わられるような業務やパフォーマンスは一切ない。

そんな当社の現場のバイブルであり、「集団運」の虎の巻でもある『源流』は、逆説的ではあるが、究極の「リスキリング」の書と言えるかもしれない。

第八章　圧勝の美学を語ろう

「圧勝」とは何か？

運を良くするためには、単なる「勝ち」ではなく、「圧勝」を目指さなければならない。

ドン・キホーテを創業後、売上が五十億円とか百億円くらいの頃までは、「安田さんは本当に運がいい。あなたは運のチャンピオンだ」などとよく言われたものだ。周りの皆が、こぞってそう言うものだから、私もついその気になって、「やはり俺は運がいいんだ」と単純に喜んでいた。今思えば、彼らの言葉には少し意地悪な気持ちも潜んでいたように思う。要するに、「お前はたまたま運がよかっただけだ。そのうち運が悪くなれば、どうせ失敗するさ」ということだ。

ところが、売上が何千億とか兆円級のスケールになってくると、誰も「運がいいですね」とは言わなくなる。そこまで突き抜けると、「さすがにこれは運だけじゃない。本人の努力によって作り出された結果だ」となるわけだ。そうした「圧勝」のレベルにまで達することが出来れば、周囲の嫉妬ややっかみの感情も急速にしぼんでいく。

例えば、ドジャースの大谷翔平選手が、二打席連続でホームランを打てば、「さすがは大谷」と称賛されることはあっても、「大谷は運が良かったのだ」と言う人はいないだろう。彼ほどの存在になれば、全世界から憧れの対象にこそなれ、本気で嫉妬心を抱く人などいないはずだ。真の「圧勝」とは、そうした状態を指すのではないだろうか。

圧勝を「強欲」ではなく「美学」と捉える

私の言葉で「圧勝」を定義するなら、潜在的な〝勝ち〟を見つけて、**それをどんどん具現化させ、余地がないくらい勝ちまくるような状態**を指す。

ところが多くの人には、こうした「大勝ち」に対する感受性が備わっておらず、いたずらに〝機会損失〟をしているように、私の目には映る。実にもったいないことだ。大勝ちできる機会は滅多にやって来るものではない。逆に、負けの機会は頻繁に訪れるものだ。そしてそんな負けを癒してくれるのは、数少ない大勝ちしかあり得ない。目の前に転がってきたチャンスを決して逃さず、勝ちへと具現化させることが求められる。

少なくとも、ノーアウト満塁のような状況で二点くらいしか取れなかったら、地団太を踏んで悔しがらないといけない。そういう時こそホームランをかっ飛ばして、貪欲に点を取りにいくのである。とことん勝って勝ちまくって「これでもか」というくらいの大勝ちを、意識して取りに行く。**圧勝に向けた気迫のようなものが、間違いなく運を引き込む磁石になる**と、私は自分の体験からも確信している。

こう記すと、単に強欲なだけではないかと思われるかもしれないが、決してそうではなく、そんな圧勝を「美学」として捉えるくらいでなければ、真に素晴らしい運には恵まれない。

少々文脈は異なるが、メジャーリーガーの大谷翔平選手にしても、あるいはフィギュアスケーターの羽生結弦選手にしても、彼らの圧倒的な強さからは、単に勝ちへのこだわりだけでなく、勝ち方に対する美学も感じられる。そのストイックな姿勢こそが、彼らを世界のスーパースターへと押し上げた大強運の源泉ではないだろうか。

もともとは〝我欲〟の大魔王!?

「圧勝」を目指すうえで、何よりも大事なことが一つある。それは、**個人の私利私欲を一切混ぜない**ということだ。大谷翔平選手も羽生結弦選手も、少なくとも金や名声のためにスポーツをやっているわけではないだろう。彼らにあるのは、純粋でひたむきな「勝ち」への欲望だけである。

ビジネスも同じだ。「もっと儲けたい」「もっと認められたい」という自分の欲を混ぜた瞬間に、それは「強欲経営」になってしまう。他人から妬み嫉みの感情を向けられ、運を大きく落としかねない。だからこそ我欲にとらわれずに〝淡々と〟勝ちを目指さなければいけないのだ。

ところが、若い頃の私は未熟で、そのあたりの理解が全く出来ていなかった。あの頃の自分は、「とにかく金儲けをして、のし上がって偉くなるんだ」という一心で、「俺が、俺が」と、自分のことしか考えていなかった。まさに〝我欲〟の大魔王である。

必死の努力によって店はそれなりに繁盛して、少しは金儲けもできた。しかしまだまだ、私が満足できるレベルにはほど遠い。「俺ならもっとやれるはずだ」と思うのだが、現実に大したことは出来ていない。「結局、俺はこの程度なのか」と、自家撞着《じかどうちやく》気味にもがき苦しんでいた。あまり思い出したくない、自分の中では黒歴史的な時代である。

そして紆余曲折の末、私はドン・キホーテを創業したが、その頃から事業の規模を拡大する「拡張性」を重視するようになる。一九九五年以降は本格的な多店舗展開を開始したが、一九九七年に開業した新宿店が大ブレーク。強烈な〝ドンキ旋風〟が巻き起こり、各店はどこも大行列ができるようになった。

しかし、この期に及んでも私はまだ、自分の成功のことだけしか頭になかったのだ。

「自分のことだけを考えてちゃいけない」

そうして調子に乗っていた私に〝天罰〟が下るかのように、大きな不運がドン・キホーテに襲いかかった。

第二章でも触れた、地域住民による大規模なドンキ出店反対運動である。私は叩かれれば叩かれるほど、逆に燃え上がるタイプだ。「出店と営業時間は法的に問題がないし、お客様にも『便利で楽しい』と喜んでいただいている。何が悪いのか」、「今にみておれ。もっと突っ走ってやろう」と強気の姿勢を貫いた。結局、そうした姿勢が火に油を注ぎ、ドンキはさらに叩かれるという悪循環に陥ることになる。

そんな私に、ある気づきが生まれたのは、投資家の方々との出会いがきっかけだった。ドンキ反対運動と前後して、当社は株式上場企業となり、投資家の方々に挨拶して回ったのだが、恥ずかしながらそこで初めて、当社を信じて大切なお金を預けてくれる人たちがいることを知った。ドンキの店舗を迷惑施設だと批判する人たちがいる一方で、この会社には未来があると励ましてくれる人たちもいる。そうハッキリ認識して、愚か者の私は目が覚めた。

「自分のことだけを考えてちゃいけない」

自分の利益ばかり考えていてはダメだ。少なくとも、当社を信じてくれている人たちには、必ず報いなければならないと固く誓った。

従業員たちに「幸せになってもらいたい」

「権限委譲」を実践していくなかでも、同じような気づきがあった。

ドン・キホーテを立ち上げた頃の私は、自分のことしか信用していなかった。「エースで四番打者」である経営者の踏ん張りと奮闘が全てだと思っていたので、他人に仕事を任せられず、なんでもかんでも自分でやろうとしていたのである。だが、経営者が一人で頑張っているうちは、事業の拡張性は担保されず、企業として発展していくこともあり得ない。また、小売業は他の業界と比べて属人的な要素が強く、多くの人間を巻き込んで集団戦で勝負しなければならない。

ある時から「自分のことばかり考えていちゃダメだ」という当たり前のことに気づき、思い切って「権限委譲」に踏み切ったのだ。

正直に明かせば、「権限委譲」を始めた頃も、我欲はまだ半分くらい残っていた。「本当にあいつらに任せて大丈夫か」「自分でやったほうが早いんじゃないか」と少しは思っていたのも事実だ。だが、従業員たちの様子を見ているうちに、そうした気持ちもだんだん変化していった。

どういうことか。自分が苦労してきたからこそ分かるが、商品の仕入れから陳列、値付け、販売までを一人で考えるのは大変な作業である。それらを一気に任せた時は「大変な苦労をかけるなあ」と心配していたのだが、従業員たちは皆、嬉しそうにして張り切っている。彼らなりに一生懸命考え、目標を達成していく姿を見ているうちに、**「幸せになってもらいたい」「楽しく仕事をしてほしい」と心の底から思うようになった**のだ。「俺が、俺が」と自分のことしか考えていなかった私が、少しは成長できた瞬間である。

ビジネスに求める「快感」とは？

再び話を株式上場時に戻そう。当社に期待してくれている投資家たちと直に接し、私は「もう自分のことはどうでもいい。とにかくこの人たちに報いるようにしよう」と決意した。ここで、自分を覆っていたエゴという衣が一枚、はらりと脱げ落ちたような気がする。

それから数年、四十代半ばに差し掛かる頃に、ある確信へと至った。それは、私たちが所属する流通小売業は、顧客を主語にしない限り、つまり「顧客最優先」で仕事をしない限り、絶対に成功はあり得ない。**「自分が儲けたい」という思いを捨てない限り、未来はないということである。**

それに気づいてから、私は強く意識してエゴを捨てていき、以前の面影《おもかげ》がないくらい人が変わった。あれだけ「俺が、俺が」と息巻いていた人間が、「皆さんどうぞ」と一歩後ろに下がるようになり、完璧な権限委譲をおこなうようになったのだ。自分でも驚くくらい、本当にえらい変わりようだ。

もっとも、私も完全に「無欲」になったわけではない。実は、いまだ自分の中に残っている「欲」もある。

それは、**ヒリヒリするような刺激に対する欲望**だ。自分なりにビジネスの仮説を立てて、思い切って挑戦しようとする時、成功するか失敗するか分からない緊張感、同時にプレッシャーが襲ってくる。それらに対して、えも言われぬ快感と楽しさを覚えるのだ。そういう意味で、私は〝変態経営者〟と言えるかもしれない。

ついでに言えば、私は「問題解決のオタク」でもある。第一章でも述べたが、私の頭の中には常に複数の「ボトルネック」が存在している。こちらからあちらに行きたいけれど、ボトルネックの先には進めない。逆にそこを抜け出すことが出来れば、一気に問題が解決する……。日夜、ああでもないこうでもないと考え続けているわけである。すると、ある日突然、ボトルネックをスコーンと抜ける瞬間がやってくる。**その時の快感がたまらず、また新たなボトルネックを設定する。**

問題を解決すると、また新たな仮説が生まれ、検証を繰り返すというサイクルが発生し、子供がゲームにはまるように病みつきになる。まさに〝変態経営者〟の面目躍如《めんもくやくじょ》だ。

私がビジネスに求めるものは快感であり、成功して得るお金や名声は単に勝利の証に過ぎない。言ってみれば、どうでもいいものだ。五十歳を越えた頃からこうした事実に気づいたおかげで、私や会社の運は一気に急上昇していったのである。

我欲から解き放たれて

私自身は遅咲きの経営者だ。人間として、経営者として目に見えて伸びたのは五十歳を過ぎてからだった。要は、自分に囚われなくなってから、急に伸びたのだ。あれだけ我欲の強かった安田隆夫が、ここまで変わるとは誰が想像できただろうか。**私の心象風景もガラリと変わった。心は晴れ晴れとして軽くなり、肩の力も抜けて楽になった。**

私の人生を振り返ると、二十代～三十代は「混迷期」、四十代は「黎明期」、五十代は

「躍進期」、六十代は「飛躍期」だったと勝手に分類している。

「躍進期」と命名したように、私が五十歳を過ぎた頃から、ＰＰＩＨは一気に成長・発展を遂げた。もちろんこれは、権限委譲された従業員の皆さんたちの頑張りのおかげである。心から感謝し、リスペクトすると共に、彼ら彼女らには「この会社に入って本当に良かった」と思ってもらいたいと、さらに強く願うようになった。

六十代の「飛躍期」に入ると、ＰＰＩＨの「圧勝」はさらに加速していく。ちなみに私の還暦時、当社の年商は四千八百億円（二〇〇九年六月期）だった。それが今では二兆円なので、十五年間で四・二倍増になったことになる。毎年一千億円ずつの上積みである。同じ四・二倍でも、例えば四百八十億円が二千億円になるのとはワケが違う。

会社の規模が拡大しても、売上・利益は右肩上がりのカーブを維持し続け、「自燃・自走型の集団運組織」も完成度をより高めている。

私は現在七十五歳。そろそろ引退を考えるような歳だが、「我欲」から解き放たれて「無私」になった私は、わが子（ＰＰＩＨ）の発展と社員・従業員たちの幸福のため、これまで以上に精力的に会社に関わるようになっている。滅私《めっし》奉公《ほうこう》は、まだまだ続けていくつもりである。

第八章のポイント

□ 単なる「勝ち」ではなく「圧勝」を目指せ。
□ 圧勝を「強欲」ではなく「美学」と捉えるくらいの姿勢が必要。
□ 自分のことだけを考えてはいけない。エゴを捨てた瞬間に「圧勝」は加速する。

コラム⑥　ブルーオーシャンを謳歌するドン・キホーテ

運を摑んで圧勝するためには、「レッドオーシャン」ではなく「ブルーオーシャン」に入ることが重要である。競合がいない、もしくは極めて少ない市場のことを、ビジネスの用語で「ブルーオーシャン」という。逆に、激しい競争が繰り広げられている市場は「レッドオーシャン」だ。ドン・キホーテは「ブルーオーシャン」での勝負をあえて選んだからこそ、成長・発展を謳歌することが出来たと言えよう。

オンリーワン業態だから圧勝できる

ドン・キホーテという店は、それまでの大手流通業の常識だったチェーンストア主義を否定し、各店各現場への権限委譲を前提にした〝個店主義〟を貫きながら、全国に迅速な多店舗化を図ることに成功した。

ちなみにドン・キホーテ（MEGAドン・キホーテ含む）は、同じ屋号を持ち、基本的に同じ業態・MD（マーチャンダイジング）構造を有する店にもかかわらず、店舗規模は数十坪から数千坪と幅広く、立地は都心路面店からビルイン店、さらには郊外ロードサイド店と、タイプ的に何でもござれである（だからこそスピーディな多店舗化ができた面もある）。少なくともこのように、どこにでも成り立つような店は、世界広しといえども、ドン・キホーテくらいだろう。

なぜ、それが可能になるのかといえば、前述した権限委譲による個店完結システムに加え、類似の競合が不在なオンリーワン業態だからである。これも当社が圧勝できる、最大の要因だ。

ドンキの伝統芸──「業態あって業界なし」

ドン・キホーテという店は唯一無二で、いわゆる「ドンキ業界」というものがないから、ブルーオーシャンの中で成長・発展を謳歌することができた。この状態を私は、「業態あって業界なし」と表現しているが、まさに当社の伝統芸のようなものだ。

そもそもドンキがゼロから出発して、二兆円級の企業体を成すに至るまで、私が考えに考え抜いて自ら問題を克服し、さらに主語を転換して「こういうウォンツとニーズがあるに違いない」という仮説をもとに業態を構築して磨き込み、その結果、ブルーオーシャンの中に入ったという経緯がある。

逆に、その頃全盛をきわめていたチェーンストアという同質化の海＝レッドオーシャンに飛び込めば、後続の当社に勝ちの目はゼロだったはずである。だからあえてアンチチェーンとして尖りに尖って、世界のどこにもない業態を作った。

たしかにそこには、大いなる生みの苦しみがあった。しかし実際にそれを生み出して、ブルーオーシャンにさえ入ってしまえば、逆に育てる苦しみが不要だ。「産むは易し、育てるは難し」――そんな言葉があるかどうかは知らぬが、ビジネスにおいてはその逆が望ましい。すなわち、「難産の子供ほど大きく育つ」というのが、前述した「伝統芸」の本質であり、本章で言う「圧勝の美学」の要諦でもある。

ともあれ、易き道を選ばずに、敢えて困難な道を行くからこそ、ブルーオーシャンという素晴らしいご褒美が待ち受けているということだ。

ブルーポンド（池）をブルーオーシャンにする

もっとも、そうした伝統芸を究める難易度は高い。茨の道でもある。とりわけ、周囲から正当な評価を受けることはまずない。やる前から「そんなのダメに決まってる、難しいよ」と言われ、失敗すると「だからダメだと言ったのに」とボロクソに叩かれる……。

でも、失敗を恐れてはいけない。逆にそれが上手くいけば、誰もたどり着けないブルーオーシャン状態を享受できるからである。ドン・キホーテの一号店（東京・府中店）が、まさにこのパターンだった。当社飛躍の最大要因である権限委譲も、全く同じ文脈で語ることができる。

ただし、個人店レベルの成功では、いくら独自性があっても、せいぜい小さなブルーポンド（池）の主《ぬし》になるに過ぎない。それを拡大・拡張させ、ブルーオーシャンにするには、権限委譲はもとより、第六章に記した、皆を巻き込む情熱の渦の力、そして単なる個人運に留まらない「集団運」の醸成が不可欠だったのである。

エピローグ　人間讃歌こそが私の生き様

「運」とは何か。結局、それは私自身の〝生き様〟そのものではなかったか。その生き様の本質を突き詰めていくと、人間に対する尽きぬ思いと興味、もっと言えば私なりの〝人間讃歌〟ともいうべきものに辿り着くように思う。

〝偏愛と傾斜〟のルーツ

子供の頃の私は、学校の勉強は大嫌いだったが、自分の興味がある「格闘技」や「冒険・探検もの」については、夢中になって本や雑誌を読みふけっていた。子供にしてはやたらと詳しくなり、密かなプライドも持っていた。だが、親しくなった友人に色々と話をしてみるものの、共感を得られることはなかった。流行りのテレビやマンガには興味がないため、クラスメートと共通の話題で盛り上がることも出来ない。「どうも自分だけ浮いているな」という感覚は、幼い頃からずっと持ち続けていた。

私が生まれ育った岐阜県大垣市は保守的な土地柄もあり、周りと違ったことをしていると白い目で見られてしまう。そのため、自分の特殊な面はできるだけ隠すように心がけていた。そのうちに自我が屈折し、肥大化しはじめる……。疎外感や孤独感を内部に抱え続け、今振り返ってみると、かなり〝イタい〟少年だったと思う。

独自の感受性、そこから発生する衝動を抑え込むうち、私の思考はますます尖り、物事に独自にこだわる〝偏愛と傾斜〟傾向が強くなっていった。衝動を抑え込めずに爆発させ、周囲を驚かせ呆れさせることも度々だった。要は、町でも評判の問題児だったわけだ。

しかし、結果だけを見れば、そうした気質はドン・キホーテの「独自性」と「圧勝」の原資となったのだから、何が幸いするか分からないものだ。

他者に対する幅広い関心と興味

〝偏愛と傾斜〟型の人間は、概して自閉的な傾向があり、あまり人と交わることはないようだ。でも、私はなぜか、まるで違っていた。他者に対する幅広い関心と興味、寛容とリスペクトの思いを強く持っていたのである。そういう意味では、かなり〝レア〟で特殊なタイプだったと言えよう。

だからこそ、本を読むだけに留まらず、実際に様々な場所に出掛けていった。例えば、アマゾンやスーダン、イリヤンジャヤなど〝秘境〟と言われる辺境の地に行き、好んで少数民族と交わるような人がいる。私も長じてそれを実行したわけだが、少年〜学生時代の頃は、まだ「世界＝日本」という認識だったから、地球の辺境民族を見るくらいの感覚で、大学生の時に身分を隠して飯場《はんば》（建設労働者の宿泊施設）に住み込み、肉体労働をしながら興味津々で周りの人たちを観察した。ある意味、これが私の社会における原風景である。

横浜・寿町などのドヤ街で、「こういう風に歩むとこんな人生になるのか」とか、「この人はこうやって身を持ち崩したのか」などと、**人生の成功と失敗における凝縮された実際の姿を、私は映像的にも皮膚感覚にも焼き付けた**。そもそもこれが、私の運に対する感受性を目覚めさせてくれたきっかけでもある。

膨大な知識と経験の巨大な密林原野

要するに、私は無類の〝人間好き〟なのである。人間は百人百様の「人生劇場」における主人公であり、その中で喜び、怒り、哀しみ、楽しみを味わい、模索と葛藤を繰り返して生きている。その生き様を見るのが、何よりの楽しみなのだ。その人の人生におけるボラティリティが大きければ大きいほど、つまり波乱万丈な人生であればあるほど、私は強い共感を覚え、かつ無性に応援したくなる。

今でも私は、自分と全く接点がないような人たちの、価値観や生き方への興味が尽きない。例えば、「貧困女子」や「漂流児童」など、普段は全く接点がないような若者の生態を描いた書籍などを好んで読んでいる。その理由は、人間に対する純粋な興味であり、個人的には彼らと若い頃の自分を重ね合わせて共感を抱いている。

後期高齢者になった今でも、人間や世界に対する興味と関心が尽きない。私の中には普通の人の何十倍となる膨大な知識と経験が積み重なっており、それによる巨大な〝密林原野〟が形成されている。そこには幅広い雑学のインフラが備わっており、会話の中でその場に応じた話を縦横無尽に引っ張り出してくるので、驚いて感心されることも多々ある。

こうした知識や体験の多くは一見、ビジネスや経営には何の役にも立たないように思えるが、間違いなく「盛運」を引き寄せる要因となった。そんな興味の集大成が、ドン・キホーテのような誰も思いつかなかった業態を生んだのだと確信している。

人に対する根源的な優しさと理解、共感

最後に強調しておきたいのは、人に対する根源的な興味と理解、優しさと共感を大切にしてほしいということだ。

経営者や上司がどれほど優秀でも、人間として大切な要素が欠落していたら、同僚や部下は彼らに全幅の信頼を寄せるだろうか。「主語の転換」をするまでもなく、その答えは明確に「否」だ。人に興味・関心のない冷徹なだけの人に、運が巡ってくることはないだろうと私は考えている。**周囲の人々に興味をもって理解し、優しさと共感を見せることが、良運を招く最も効果的な方法**なのだ。

最後の最後でエモーショナルなことを言って驚かれるかもしれない。だが、そんな〝人間讃歌〟こそが、運に直結する最大のキーワードである。

だからこそ私は、この本を読んでくれた人たち全員の幸せを、心の底から願っている。ここに書かれていることを明日から実践していけば、あなたの人生、あなたの会社の運気はどんどん変わっていくはずだ。そうして、日本のあちこちに一つ一つ、希望の灯がともっていけば、国家の「集団運」も良くなっていくはずだ。

多くの人が果敢な挑戦をして運を引き寄せ、〝オールハッピー〟になることを願いながら、ここで筆を置くことにしたい。

巻末付録　ＰＰＩＨグループ企業理念集『源流』（一部抜粋）

【企業原理】

「顧客最優先主義」

■「顧客最優先主義」をＰＰＩＨグループにおける不変の企業原理とする
■「顧客最優先主義」が全ての企業行動を規定し駆動させる
■「顧客最優先主義」を実現するために「経営理念」を遵守しなければならない

【経営理念】

第一条　高い志とモラルに裏づけられた、無私で真正直な商売に徹する

・競合の乱立する成熟した消費社会においては、売る側の一方的な意図や小細工などは通用しない
・だからこそ、まずは顧客の視点に立ち、原理原則に忠実な無私で真正直な商売を愚直に行わなければならない。そうして顧客と社会に貢献することが、企業そのもの及び社員の使命感と

誇りを高める好循環へと導く
・結局、商売というのは、真正直に行うに勝る王道はないのである

第二条　いつの時代も、ワクワク・ドキドキする、驚安商品がある買い場を構築する
・常に顧客にお買い得感を与え、楽しく買ってもらう場を提供する――これがいつの時代も変わらない、当社不変の買い場づくりの鉄則である
・その状態を「ワクワク・ドキドキ」と表現し、非日常的なエンターテイメント感と時間消費の要素を最重視する
・われわれは単なる物販業ではない。スペース創造を基盤にした、新たな価値を提供する流通業である。ただしそれは、「驚安商品のある買い場」という前提条件のもとに可能になることを、決して忘れてはならない

第三条　現場に大胆な権限委譲をはかり、常に適材適所を見直す
・権限委譲と人財の適切な評価は一対の概念である。常に適切な評価がなされてこそ、現場に対する大胆な権限委譲が可能になる
・そのため、現場では常に適材適所を見直し、柔軟かつ大胆な新陳代謝をはからねばならない

・また、われわれが誇るべき（死守すべき）最大の武器は、「顧客親和性」にある

第四条　変化対応と創造的破壊を是とし、安定志向と予定調和を排する

・当社が手掛ける流通業の本質は、いつの時代もスピード感に富んだ変化対応業である
・的確な変化対応をするためには、過去の成功体験に安住しない創造的破壊が不可欠になるのは言うまでもない
・そうした理念と姿勢を持って、組織に巣食う安定志向を打破し、予定調和を崩すような企業文化を維持・発展させなければならない

第五条　果敢な挑戦の手を緩めず、かつ現実を直視した速やかな撤退を恐れない

・当社はエンドレスな業態開発を行う革新的企業集団である。失敗を恐れず、果敢な攻めの姿勢でたくさんの挑戦をし、うまくいったものを残していくことを基本方針とする
・ただし、新旧問わず、業態や事業が客観的視点で難しい、と判断されたら、現実を直視し、傷口が広がらないうちに、迅速かつドラスティックな撤退を敢行しなければならない。そうした「撤退の勇気」を常に堅持するからこそ、次の前向きな挑戦が可能になるのである

第六条　浮利を追わず、中核となる得意事業をとことん突き詰める

・第五条の「果敢な挑戦」は、自ずとその範囲が限られる。すなわち当社が絶対に負けない、オンリーワン性を武器にした業態や事業、及びその周辺事業に集中特化し、それを突き詰めるべきである

・たとえば、当社が浮利を追うような他事業に手を出すべきではない。あくまでも中核となる小売業を中心とした事業及び小売業に関連のある事業に磨きをかけるべきである

【社員心得・行動規範十箇条】

一、逆境から立ち上がる不屈の闘志と、タダでは起きないしたたかさを持て
二、誰よりも店、商品、顧客へ熱き想いと情熱を注げ
三、現場で知恵と感性とひらめきを研ぎ澄ませ
四、単なる根性ではなく、本番で勝つ情念とはらわた力を磨け
五、いかなる時も「主語の転換」を心がけ、相手の立場で発想せよ
六、現場のリーダーは、常に自分の代わりとなる人財を育てよ
七、役職や上下の別なく、個人の多様性を尊重し認め合え

八、仕事を「ワーク」でなく「ゲーム」として楽しめ
九、できない理由をあげるのではなく、「どうしたらできるか」をとことん考えよ
十、相並ばない二択を安易に受け入れず、両立させる知恵を絞れ

【マネジメントの鉄則九箇条】

上司編

第一条　「威張るな」

「弱い犬ほどよく吠える」の喩えどおり、自分に自信がない上司ほど、部下に対して尊大かつ威々猛々しくふるまうものである。真に実力があって、見識に富み、人望が備わる上司は決して威張らないし、部下を無用に威圧することはない。当社の社員は、職位が上に行くほど、謙虚にふるまい、フレンドリーに部下や周囲の人と接するべきである。

第二条　「迎合するな」

これは「威張るな」の対立概念ではない。上司たるもの、業務を遂行するに当たり、感情に

流されたり、部下に調子を合わせる迎合的な姿勢を決してとることなく、上司として常に理想の姿を追い求めながら、（本来当り前のことではあるが）やるべき任務を全うしなければならない。

第三条　「権力者になるな」

上司と部下の関係は、あくまで業務遂行における職能上のものに過ぎず、人間の本質的上下関係を意味するものでは決してない。にもかかわらず、そうした職能上の上下関係を悪用し、さも自らが権力者のようにふるまう上司は、権限委譲を企業理念に戴く当社グループにおいては最悪の存在である。

第四条　「恐怖支配をするな」

部下に対する人事権が付与されている上司は、部下のいわば生殺与奪権を握っているに等しい。それゆえ、往々にして部下は、顧客ではなく上司の顔色を伺いながら仕事をするという、本末転倒に陥りやすく、顧客最優先主義を企業原理とする当社グループにとっては、決してあってはならないことである。いずれにせよ、このような状態に直結するような、上司の恐怖支配は、当社ではいかなる理由からも許されない。

第五条　「多様性を認めよ」

当然のことながら、上司は上に行けば行くほど、多種多様（性別、年齢、国籍、職歴、主義、思想、趣味嗜好等）な部下を使わなければならない。上司はそうした部下の多様性をきちんと認めた上で差別など決してせず、かつ自らの価値観や生き方等を強要することなく、業務上の共通の目的に向かって引っ張って行く能力と資質を備えていなければならない。

第六条　「自己管理を徹底せよ」

上司たるもの、部下の見本となるよう、私生活及び健康維持を含めて、自己の管理を徹底すべきである。同事項は、（職務上の責任と権限が大きくなる）上に行けば行くほど厳格に遵守されなければならない。たとえば上司が率先して部下を伴い深酒をするなどは言語道断的行為である。

部下編

第一条　「礼儀をわきまえよ」

上司に向かい合う時は、当然のことながら部下としての礼儀をわきまえ、敬意をもって接しなければならない。そもそも上司に対して、礼儀正しい挨拶や態度、受け答えが出来ないような者が、顧客の前で通用するはずもなく、当社のような顧客最優先主義を企業原理に戴く小売業の現場に立つべきではない。

第二条「増長するな」

上司がフランクかつフレンドリーに接してくれるのを良いことに、それに甘えて増長し、上司を上司とも思わないような言動や態度をとるような部下こそ、当社において最も唾棄すべき最低の部下である。逆に、上司からすれば、生意気で増長しがちな部下を想定して高圧的にならざるを得ない事情もある、ということに思いをいたすべきである。

第三条「自分の意見をはっきり述べよ」

権限委譲を旨とする当社において、職務上、自分が正しいと思う意見や主張があれば、上司に対しても、はっきりと述べるべきである。上司がそれをどう判断するかはケースバイケースだが、常に部下の意見に〝聞く耳〟を持つのが当社の上司の要件であるから、いらぬ遠慮をすることはない。単に唯々諾々と命令に従うだけの部下ばかりでは、そもそも権限委譲が成り立たない。

また、仮に直属の上司が、自らの権力を振りかざすような、無用に高圧的な上司なら、それに迎合し、媚びへつらう必要は無い。逆に迎合することで、その上司はますます権力を笠に着るようになる。いずれにせよ、当社においてそのような上司は、むしろ降格の対象であるから、本来の礼儀をわきまえながらも、正しい姿勢で堂々と接すればよい。

【次世代リーダーの心得　十二箇条】

一、ＰＰＩＨグループに「監督」はいらない

当社に求められるのは、何時でも率先して動き、苦難と達成感を共有できる「キャプテン」、すなわち「プレイングマネージャー」である。

二、「使いたくない人事権」を使いこなしてこそ、真のリーダーである

会社から与えられた人事権を行使しないのは、責務を全うしていないと同義である。とりわけ降格等のネガティブなものは、「使いたくない人事権」の筆頭だろうが、逆にそれを果断かつ正しく使いこなせるのが真のリーダーである。

三、権限委譲の本質は「狭くて深い」

権限はその責任範囲を明確にしたうえで、一から十まで「丸投げ」することが大前提である。権限の範囲が「広くて浅く」なると、そのプロセスに多くの人が関わり真の権限委譲にならない。

四、「明確な勝敗」「タイムリミット」「最小限のルール」「大幅な自由裁量権」

――これらが権限委譲をする際の必須要件であり、仕事を単なるワークではなく、ゲームに変えるための四大要素である。

五、自分の権限を自ら剝奪し、部下に与える

権限を委譲されて育ってきたのに、なぜか自分が権限を持つと委譲しなくなるものである。つまり今の職務・職階に忠実なだけで、それに安住していては、下の者は育たない。逆に当社では、自分の代わり（ネクストミー）を作れるようになったら上に上がれる。それが権限の「委譲の委譲」である。

六、ポジティブ、ネガティブ、どちらであっても、誠意を持って公正に部下を評価する

――それが実力主義の前提である。少なくとも恣意的な評価は、決してあってはならない。いずれにせよ、やっても評価されず、やらなくても責められなくなった時から、会社の崩壊が始まる。

七、部下は「育成されたい」などと思っていない。「信頼されたい」と思っている

「信頼」とは、文字通り信じて頼むことである。部下は上司に信頼され、それに応えようとして、はじめて自分で考え、自分で育とうとする意志と環境が生まれる。

八、「誉める」とは、相手がひそかに誇りをもっていることを見つけ、認めることである

人は相手の短所には自然と目がいくが、良い所は見落としがちなものである。逆に相手の立場にしてみれば、ひそかに誇りをもっていることを認められることほど嬉しいものはない。

九、「ムチとアメ」

「アメとムチ」は順番が間違っている。最初にいい顔をして甘い対応をするとそれが当たり前になる。最初は厳しく接し、その後に良い所を見つけ、認め、誉めることで、本当の信頼関係が生まれる。

十、「理想の部下」が必ずしも「理想の上司」になれるわけではない

実務者からリーダーへと立場が変わった時から、忠実な部下である以上に、頼れる上司であることが求められる。長所も短所・欠点もあわせて、部下の人間性そのものをのみ込めるかどうかが、上司の器である。

十一、部下は、その上司の部下ではなく、会社の資産である

部下という大切な資産の最大化を図るのは、上司の責務である。少なくとも上司は、その人財を活かせる環境をつくること、適性を活かせる仕事を見つけることに、最大限の注意と関心を払うべきである。

十二、相手の気持ちもわからない者が、人に強くなれるわけがない

当り前のことだが、単に強圧的な者を「人に強い」とは言わない。主語の転換をして相手の気持ちになれる者こそ強い。それを認識することがリーダーの第一歩である。

安田隆夫（やすだ たかお）

1949年岐阜県大垣市生まれ。慶應義塾大学法学部卒業後、不動産会社に就職するも入社10カ月後に倒産。78年、東京・杉並区にわずか18坪のディスカウントショップ「泥棒市場」を出店。深夜営業でヒットし成功を収めるが、5年で売却し、卸問屋「リーダー」を設立。これも大きな利益を上げるが、小売業への再参入を決意し、89年に「ドン・キホーテ」1号店を東京・府中に出店。幾多の失敗や苦難を乗り越えながら急成長を続け、創業以来34期連続増収増益という驚異的な偉業を達成。現在はPPIHグループ（旧ドンキホーテHD）創業会長兼最高顧問。

文春新書

1458

運《うん》　ドン・キホーテ創業者《そうぎょうしゃ》「最強《さいきょう》の遺言《ゆいごん》」

2024年6月20日　第1刷発行

著　者　　安　田　隆　夫
発行者　　大　松　芳　男
発行所　株式会社　文　藝　春　秋

〒102-8008　東京都千代田区紀尾井町3-23
電話（03）3265-1211（代表）

印刷所　　理　想　社
付物印刷　大日本印刷
製本所　　大　口　製　本

定価はカバーに表示してあります。
万一、落丁・乱丁の場合は小社製作部宛お送り下さい。
送料小社負担でお取替え致します。

ISBN978-4-16-661458-5